ÄGYPTOLOGISCHE ABHANDLUNGEN

HERAUSGEGEBEN VON

WOLFGANG HELCK UND EBERHARD OTTO

BAND 2

HANS GOEDICKE

DIE STELLUNG DES KÖNIGS IM ALTEN REICH

1960

OTTO HARRASSOWITZ · WIESBADEN

DIE STELLUNG DES KÖNIGS IM ALTEN REICH

VON

HANS GOEDICKE

1960

OTTO HARRASSOWITZ · WIESBADEN

Gedruckt mit Unterstützung der Deutschen Forschungsgemeinschaft

Printed in Germany

Otto Harrassowitz GmbH & Co. KG
Kreuzberger Ring 7c-d, D-65205 Wiesbaden,
produktsicherheit.verlag@harrassowitz.de

Inhaltsverzeichnis

Seite

Einleitung ... 3

njśwt-bjtj NN ... 7

njśwt ... 17

kꜣ ... 37

nṯr ... 40

nb ... 42

ỉtj ... 49

ḥm ... 51

Zusammensetzungen mit *ḥm* ... 68

Königsname ... 79

Zusammenfassung ... 87

Besprochene Textstellen ... 94

Einleitung

Der Mittelpunkt des ägyptischen Staates ist der König. In seiner Stellung findet das staatliche Konzept seinen Kulminationspunkt, gleichzeitig aber führt seine Person auch eine Verbindung herauf, die die irdische Staatsform mit dem Göttlichen vereint und auf diese Weise den ägyptischen Staat aus der real-politischen Bedingtheit heraus auf eine wesentlich weitere Basis stellt. Dieses Konzept des Königtums, das ins Religiöse tendiert, entspringt einer mythischen Denkungsart, die in einer Synthese von Kosmischem und Irdischem in einer zusammenfassenden Schau ihren Ausdruck findet. Ihre Wurzeln liegen in der Schaffung eines einheitlichen Staates aus einer Gruppe von Stämmen, einer Einheit, die vom ägyptischen Standpunkt aus gesehen, die „Welt" darstellt, die sich aus dem Chaos hervorhebt. Diese „Weltschöpfung", und aus ihr resultierend die „Weltherrschaft", ist die geistige Grundlage ägyptischen Königtums, und es ist daher vom ägyptischen Standpunkt aus völlig richtig, die „Götter" an den Anfang der Königsherrschaft zu stellen, von denen sie auf die irdischen Könige übertragen wurde[1]). Die Grundlage des Königtums liegt somit im Göttlich-Schöpferischen, wie es sich in der Schaffung der Welt und, gleichbedeutend damit, des ägyptischen Staates darstellte.

Der individuelle König ist Träger und Verkörperung dieser Idee, die er durch die Stellung seiner Person zum Ausdruck bringt. Seine Thronbesteigung stellt eine Wiederholung der urtümlichen Geschehnisse dar, wodurch er sich als Träger der kosmischen Idee verkörpert und dieselbe realisiert. Wenngleich der Pharao auf diese Weise die Idee des Königtums verkörpert, so ist seine Stellung letztlich immer eine Materialisierung der allumfassenden Idee, die göttliche Potenz, die er durch die Verkörperung des urtümlichen Schöpfers zum Ausdruck bringt, immer eine partielle, gemessen an der Omnipotenz des Urbildes.

Darüber hinaus liegt in dem Zustand der Verkörperung, wie sie durch den regierenden König dargestellt wird, bereits die Grundlage von Verschiedenheiten, die sowohl in der Natur des einzelnen Trägers der Königsidee als auch in der größeren Kurve von Entwicklungen liegen kann, wie sie der ägyptische Staat in seiner Geschichte durchlief. Für unsere Untersuchung soll nur eine verhältnismäßig eng begrenzte Zeitspanne aus diesem langen Fluß herausgegriffen werden, die Epoche, die als Altes Reich bezeichnet wird und nach

---

[1]) Farina, Il Papiro dei re, 16ff.; Maspero, Sur les dynasties divines de l'ancienne Égypte, PSBA 12 (1889) 419ff; Lepsius, Über den ersten aegyptischen Götterkreis, Abh. d. kgl. Preuss. Akad. d. Wiss. 1851, 157ff.

der manethonischen Einteilung die III. bis VIII. Dynastie umfaßt. Diese Periode, in der der ägyptische Staatsgedanke und damit identisch das Konzept des Königtums seine erste uns faßbare Prägung erfahren hat, stellt in sich eine gewisse Geschlossenheit dar und ist schon aus diesem Grunde für unsere Untersuchung geeignet[2]).

Der Weg, der hier beschritten werden soll, unterscheidet sich von anderen Versuchen, das Konzept des ägyptischen Königtums dieser Periode zu fassen[3]). Nicht die religiösen Texte sollen für unseren Versuch herangezogen werden, sondern jene Dokumente, aus denen wir einen Einblick in den irdischen Verkehr zwischen dem König und seinen Untergebenen erhalten. Die völlige Auslassung religiöser Texte, wie sie in den Pyramiden der Herrscher seit Unas, Ende der V. Dynastie, aufgezeichnet sind und die zahlreiche Hinweise über die uns beschäftigende Frage beinhalten, sowie die starke Betonung der Privatinschriften in den Gräbern der Großen dieser Zeit bedarf einer Rechtfertigung. Die Pyramidentexte nehmen zum König unter einem ganz bestimmten Aspekt Stellung, nämlich als dem Herrscher, der in die Ewigkeit eingegangen ist und seinen irdischen Weg vollendete und damit gleichzeitig „Vollendung" gefunden hat. Durch sein Ausscheiden aus der irdischen Sphäre verläßt der König jegliche Bindung mit dem materiellen Substrat der Schöpfung, ist also nicht mehr Träger oder Verkörperung des Königtums, sondern durch seinen irdischen Tod wird er mit der Idee des Königtums, bzw. der Weltschöpfung, d. h. genauer ausgedrückt mit dem Weltenschöpfer und auch Weltenrichter identisch und auf diese Weise führt er nicht mehr den Auftrag Gottes aus, sondern wird selbst potentiell zum „Gott".

Der König aber, wie er an der Spitze des Staates steht, ist selbst an die Materie gebunden, aus der ihn erst sein physischer Tod erlöst, um ihm dann den Heimgang zum Ewigen, das er auf Erden in seiner Person vertritt, zu gewähren. In seiner irdischen Stellung ist er wohl herausgehoben aus der Menge seiner Zeitgenossen durch den göttlichen Auftrag, den er zur Ausführung bringt, indem er den Staat leitet, gleichzeitig aber ist er in den Kreislauf des Irdischen gebunden und nicht selbst „Gott", sondern gottgewollt, d. h. seine Natur ist nicht primär göttlich, sondern kann es nur als Ausführender der göttlichen Ordnung werden, wie sie sich im Königtum verkörpert, aber nicht im individuellen König.

Das Problem, auf die grundsätzliche Frage nach Recht und Rechtsprechung angewandt, ist von überragender Bedeutung. Als Staatsoberhaupt ist der

[2]) Daß das Königskonzept nicht eine Schöpfung der III. Dynastie ist, bedarf keiner Bestätigung. Mit der Schaffung eines Einheitsstaates ist die Formung der Herrscheridee gegeben, doch ist das uns zur Verfügung stehende Material für die Thinitenzeit in keiner Weise ausreichend, ein konkretes Bild zu formen. Das grundlegende Konzept spiegelt sich wohl weitgehend in der Formung des uns besser faßbaren Alten Reiches, die spezifische Gestaltung entzieht sich jedoch der Fragestellung.

[3]) Insbesondere Moret, Du caractère religieux de la royauté pharaonique. Die Zielsetzung der Arbeit, nämlich die Verbindung zwischen Religion und Königtum, unterscheidet sich grundsätzlich von unserer Untersuchung, die sich nicht mit der Institution des Königtums, sondern mit der Stellung des Königs auseinandersetzt. Vom religiösen Aspekt betrachtet auch Frankfort, Kingship and the Gods, die Frage des Königtums.

ägyptische König sowohl irdischer Natur, indem er trotz seiner Stellung „Mensch" ist, d. h. dem irdischen Wandel unterworfen bleibt, gleichzeitig aber auch göttlich, insoweit er die „Weltenordnung" und damit gleichzeitig das Königtum repräsentiert. Er steht somit im Schnittpunkt zweier Sphären, die in seiner Person zusammenstoßen und sich verbinden. Er ist ans Irdische gebunden und gleichzeitig doch Verkörperung des Königtums, das als solches ewig und dem Göttlichen entsprechend ist; er ist aber auch Garant des Göttlichen dem Irdischen gegenüber in seiner Funktion als Verkörperung des „Königs" und doch bleibt er immer wieder irdischer Herrscher; erst durch seinen Tod durchbricht er die irdische Schranke, um mit der Idee des Göttlichen, die er auf Erden verkörpert, identisch zu werden. Diese äußerst komplexe Situation der Stellung des Königs im Alten Reich macht es grundsätzlich für uns schwer, die für den Ägypter dieser Epoche vorhandenen Vorstellungen in annähernder Form zu fassen. Insbesondere für die Frage nach der Position des Königs in Recht und Rechtsprechung dieser Periode erscheint es unbedingt nötig, eine Klärung derselben zu versuchen. Dies schien in der gegebenen Zielsetzung, die zur Erfassung des praktischen Rechtslebens tendiert, nicht möglich durch die Einstellung der Pyramidentexte, da dieselben, wie bereits gesagt, den König unter dem Aspekt des „Vollendeten" sehen und dadurch nicht den irdischen Gegebenheiten des Alten Reiches gerecht werden. Hier soll nicht die Idee des „Königtums" in seiner Verbindung mit dem göttlichen „Weltenherrscher" untersucht werden, sondern die Frage richtet sich nach dem irdischen König, ehe er durch seinen irdischen Tod die materiellen Bande löst. Der einzig gangbare Weg, der sich zu einer Beantwortung dieser Frage zeigt, ist, die Ägypter dieser Zeit selbst sprechen zu lassen, d. h. ihr Verhältnis zum Herrscher zu untersuchen und zu sehen, in welcher Form sie demselben Ausdruck verliehen.

Es braucht nicht besonders gesagt zu werden, daß wir keinen Text besitzen, in dem in ausführlicher Form dieses Thema abgehandelt wird, ja wir haben keine direkte Beschreibung, wie sich der Ägypter dieser Zeit zum König stellte. Dies ist nicht weiter verwunderlich, bedenkt man den immanent göttlichen Charakter, der dem Pharao als Verkörperung der Königsidee zukommt und die er durch sein Eingehen in diese Idee bei seinem Tode voll erreicht. Trotzdem sind wir bis zu einem gewissen Grade in der Lage, die Vorstellung bzw. Stellung des individuellen Ägypters des Alten Reiches zu seinem Herrscher nachzuzeichnen, und darüber hinaus Schlüsse auf die Position des Königs, sowie Wandlungen derselben zu ziehen.

Wie bereits oben angezeigt wurde, beschränkt sich das hier herangezogene Material in der Hauptsache auf Inschriften von Privatpersonen, wozu noch einige königliche Texte kommen, doch werden die Pyramidentexte hier nicht berücksichtigt. Da wir keine deskriptiven Ausführungen der Ägypter über das uns beschäftigende Thema haben, so sind wir bei der Untersuchung der hier gestellten Frage auf andere Hinweise angewiesen. Es sind dabei die Bezeichnungen, mit denen auf den Herrscher verwiesen wird, die uns den Schlüssel zu unserer Frage in die Hand geben. Unter verschiedenen Voraussetzungen verwendet der Ägypter unterschiedliche Bezeichnungen für seinen Herrscher, ein Umstand, der mit Deutlichkeit auf die verschiedenen Aspekte zurückgeht, die sich in der Person des Königs vereinen.

Unter die hier zu untersuchenden Bezeichnungen fallen nicht die verschiedenen Formen des Königsnamens, wie Horusname, *Nbtj*-Name usw., die hier als eine Einheit, nämlich als Königstitel zusammengefaßt werden, obwohl auch für diese mit Sicherheit anzunehmen ist, daß sie verschiedene Aspekte des Königtums zum Ausdruck bringen. Was uns hier beschäftigen soll, ist die Frage, ob irgendwelche Unterschiede bestehen, wenn der Ägypter des Alten Reiches von seinem Herrscher als *ḥm*, als *njśwt*, als *nb* spricht, wann er nur mit dem königlichen Namen in der Kartusche auf seinen Herrscher verweist und wann er das volle *njśwt-bjtj* in Verbindung mit dem königlichen Namen gebraucht. Zu diesem Zwecke werden erst die einzelnen Bezeichnungen besprochen, wobei ein besonderes Augenmerk auf das zeitliche Moment gerichtet ist, um sodann die sich ergebenden Resultate miteinander zu vergleichen und gewisse sich ergebende Grundlinien aufzuzeigen.

njśwt-bjtj NN

Dies ist die ausführlichste Form, mit der der König genannt wird. Zwei verschiedene Gestaltungen kommen dabei vor; erstens die Verbindung von Königstitel gefolgt vom königlichen Namen in der Kartusche. In allen bis auf zwei Fällen ist der *njśwt-bjtj*-Titel gebraucht, während die beiden Ausnahmen einmal den Horusnamen, einmal den Goldhorus-Namen verwenden, wobei jedoch in beiden Fällen der *njśwt-bjtj*-Name im Namensring gleichweis genannt wird. Daneben kommt als zweite Form noch eine Erweiterung dieser Fassung durch *ḥm n* vor, die bei der Diskussion jedoch nicht in diesen Zusammenhang gehört, sondern gesondert besprochen wird.

Das älteste bekannte Beispiel führt in die Zeit des Mykerinus und beschreibt den Erwerb des Grabes durch einen königlichen Gnadenakt, Urk. I 18, 10. Die starke Betonung, die auf dieser kurzen Feststellung liegt, daß nämlich das Grab vom König gespendet wurde, ergibt sich sowohl aus der grammatikalischen Konstruktion mit dem hervorhebenden *in*, sowie auch aus der syntaktischen Stellung, die die Aussage am Anfang der Inschrift einnimmt, sozusagen den wesentlichsten Punkt vorausnehmend, während daran anschließend die Geschehnisse beschrieben werden, die zu dem königlichen Geschenk führten. Wesentlich ist es zu beachten, daß die Inschrift offensichtlich nicht vom Grabinhaber selbst verfaßt wurde, sondern nach seinen Tode durch seinen Sohn[4]). Die Gabe richtet sich also nicht direkt an den Empfänger, sondern an dessen Nachkommen, jedoch zu Gunsten des Verstorbenen. Was vorliegt, als Rechtsgeschäft betrachtet, ist eine Eigentumsübertragung, wobei der Geber der König ist, dem ein verstorbener Beamter als Empfänger gegenübersteht, zu dessen Gunsten der Sohn agiert. Zwei Punkte müssen bei dieser Inschrift besonders hervorgehoben werden. Die starke Betonung der Person des Königs, sowie die Tatsache, daß der König nur im Rahmen des Rechtsgeschäftes mit seinem vollen Titel und Namen genannt wird, sonst aber, wenn es sich um die Anordnungen handelt, die zur Ausführung des königlichen Auftrages gehören, wird durchweg *ḥm* verwendet.

Das nächste Beispiel einer Nennung dieser Art führt uns in die Zeit des Unas und drückt ein ehrendes Epithet für einen hohen Beamten aus: Urk. I 68, 12 *śḫꜣw·n njśwt-bjtj Wnjś ḥr·ś* „dessen sich der König von Ober- und Unterägypten Unas deswegen erinnert". Die Stelle ist in vieler Beziehung unklar. Grammatikalisch ist wohl mit Janssen[5]) in *śḫꜣ·n* eine perfektische Relativform zu sehen, falls das *n* nicht überhaupt ein Irrtum des Stein-

---

[4]) Neben der zur Diskussion stehenden Stelle ergibt sich das aus Urk. I 21, 14.

[5]) Het traditioneele Egyptische Autobiografie voor het Nieuwe Rijk, II, 147.

metzen ist, verlesen aus einem 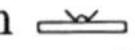. Die Beifügung *ḥr·ś* scheint bei der vorliegenden Formulierung unbegründet, doch verweist sie aller Wahrscheinlichkeit nach auf die Tätigkeit des Verstorbenen als Vezir, für die er vom König in guter Erinnerung behalten wird, wobei das *ỉmꜣḫw ḫr ʾIssj* wie ein störender Einschub anmutet. Sechs Nennungen des Königs finden sich in dem kurzen Text, doch nur einmal ist das formelle *njśwt-bjtj* verwendet. Eine kurze Analyse scheint die Besonderheit dieser einen Nennung sofort herauszustellen. In den vorhergehenden Nennungen des Königs handelt es sich um die Beschreibung der Tätigkeit, bzw. der Stellung zu einem König während dessen Lebenszeit. Die letzte Nennung aber führt aus der irdischen Sphäre der Beamtentätigkeit heraus, was sich aus der Tatsache des „Erinnerns" durch den König ergibt. Dies kann nur dahingehend verstanden werden, daß dieser Vezir während der Regierungszeit des Unas starb, der König ihm aber ein gutes Angedenken bewahrte. Das Verhältnis ist also nicht mehr auf die irdische Gefolgschaft beschränkt, sondern führt darüber hinaus. Auch hier liegt eine merkliche Betonung auf der Feststellung.

Wenn *Wnj* am Ende seiner Biographie (Urk. I 109, 10) in eine Lobrede über seinen König ausbricht und die „Herrlichkeit" (*bꜣw*) desselben schildert als alle Götter überragend, so ist das nicht nur ein großsprecherischer Euphemismus, sondern hat seine Begründung. *Wnj* fühlt sich hier am Ende seiner Laufbahn völlig als Vollender des königlichen Willens, der ihn Werkzeug sein läßt am Grabmal des Königs, also derjenigen Seite des Königtums, in der das göttliche Moment zum vollen Durchbruch kommt. Der König ist in diesem Zeitpunkt nicht nur der Herrscher des ägyptischen Staates, der Anweisungen für die Errichtung seines Grabmals gibt, sondern es ist sein *Ka*, die ihm immanente göttliche Kraft, die diese Anordnungen hervorruft, wobei der König unter diesem Gesichtspunkt Träger und Verkörperung des Göttlichen ist. Grammatikalisch erscheint es fraglich, ob wir hier einen komparativen Vergleich haben und ob das *r* nicht als „entsprechend allen (anderen) Göttern" aufzufassen ist. Wichtig ist dabei, daß der König in dieser Form nur im Zusammenhang mit seinem Grabmal genannt wird, während in den verschiedenen Anordnungen, die *Wnj* für den König ausführt, letzterer immer als *ḥm* bezeichnet wird.

Noch einmal verwendet *Wnj* in seiner Biographie die betonte Form des *njśwt-bjtj Mrnrꜥ*, das noch um ein *nb* erweitert ist (Urk. I 105, 12). Es ist dies die Erwähnung in seiner Ernennung zum *ḥꜣtj-ꜥ imj-rꜣ šmꜥ*, die allem Anschein nach kurz nach der Krönung von *Mrnrꜥ* erfolgte. Die Verwendung der stark emphatischen Form erweist sich schon darin begründet, daß wir hier am Anfang einer neuen Regierung stehen, den *Wnj* in seiner Biographie hervorzuheben suchte. Darüber hinaus beschreibt die Stelle eine Ernennung (*rdj wj m*), bezieht sich also auf eine Funktion der königlichen Herrschaftsgewalt. Nun erwähnt *Wnj* im vorhergehenden Teil seiner Biographie eine Anzahl anderer Ernennungen zu verschiedenen Stellungen: so Urk. I 98, 16 *rdj wj ḥm·f m iꜣwt nt śmr .....*, ferner Urk. I 99, 3 *(rdj wj ḥm)· f m sꜣb-rꜣ-Nḫn* und Urk. I 100, 7 *rdj wj ḥm·f m śmr-wꜥtj imj-rꜣ ḫntj-š pr-ꜥꜣ*. In allen diesen Fällen wird vom König mit *ḥm·f* gesprochen, während in diesem einen Fall dafür das volle *njśwt-bjtj Mrnrꜥ*, mit der Erweiterung *nb* tritt. Es ist naheliegend daran zu denken, daß die beiden Ausdrücke bedeutungsgleich waren und unterschiedslos verwendet werden konnten, wobei in dem uns besonders beschäftigenden Falle die volle Form verwendet wurde, um gleichzeitig dem Wechsel auf dem Königsthron Ausdruck zu geben. Dazu ist zu sagen, daß man in einem derartigen Falle jedoch ein *ḥm n njśwt-bjtj* erwarten würde und nicht die Verbindung mit *nb*, die in eine andere Richtung weist[6]). Dies ergibt sich aus einer anderen uns bekannten Ernennung aus der Regierung des *Nfrkꜣrꜥ* zur selben Stellung (Urk. I 142, 11), nach der die Ernennung vom *ḥm n nb njśwt-bjtj Nfrkꜣrꜥ* durchgeführt wurde. Wichtig für unsere Frage ist die Gleichheit des *nb* in Verbindung mit dem königlichen Namen und Titel, wobei das gleichzeitig genannte *ḥm* vermutlich auf andere Gründe zurückgeht. In gleicher Form liegt auch die Ernennung zum *ḥꜣtj-ꜥ śmr-wꜥtj ḫrj-tp ꜥꜣ* vor, während solche zu niedrigeren Stellen meist mit *ḥm·f* verbunden sind. Es hat dadurch den Anschein, daß die Position, zu der ein Gefolgsmann vom König ernannt wurde, für die Formulierung des Ausdrucks von Bedeutung war, wobei die Ursache dafür nicht so sehr in der eigentlichen Amtsstellung, im Falle von *Wnj* eines „Vorstehers von Oberägypten", lag, sondern vielmehr in dem damit verbundenen sozialen Rang, nämlich dem eines *ḥꜣtj-ꜥ*. Die Beförderung zu einem solchen Grad in der sozialen Hierarchie geht allem Anschein nach über die Funktionen hinaus, die vom König in seiner Stellung als *ḥm* ausgeführt werden, und sind einem anderen Aspekt des Herrschers, dem des , vorbehalten[7]).

Gewisse Schwierigkeiten beinhaltet der Brief des jugendlichen *Nfrkꜣrꜥ* an *Ḥrḫwf* in Zusammenhang mit dem Transport eines Pygmäen an den königlichen Hof. Der Text, wenn auch nicht fehlerfrei, ist in der ersten Person abgefaßt und spricht vom König als *ḥm*. Eine besondere Ausnahme ist das *njśwt* in der Einleitung, das uns noch beschäftigen wird[8]). Nachdem der König den Wunsch ausgesprochen hat, daß *Ḥrḫwf* den Zwerg gesund überbringen möge, fährt der Brief fort (Urk. I 130, 3—5): *r ibꜣw-nṯr r śḫmḫ ib r śnḫꜣḫꜣ ib n njśwt-bjtj Nfrkꜣrꜥ ꜥnḫ ḏt* „für die Gottestänze, um das Herz des Königs von Ober- und Unterägypten Neferkareꜥ, er lebe ewiglich, zu erfreuen und zu erheitern". Auffallend dabei ist, daß der König von sich selbst in dieser Form spricht, was schon sehr nachdrücklich darauf hindeutet, daß es sich bei dem Tanze nicht um eine Lustbarkeit zum Vergnügen des Herrschers handelt, sondern daß hier ein wesentlich anderer Sinn vorliegen muß. Das ergibt sich aus dem offensichtlich sakralen Charakter der „Tänze", der durch eine nahverwandte Stelle in den Pyramidentexten[9]) illustriert wird, wo der König die Rolle eines Gottestänzers ausführt und auf diese Weise „das Herz Gottes vor dem großen Thron erfreut". Die Bedeutung dieser Tanzdarstellung ist weitgehend unklar bis auf ihren grundsätzlich sakralen Charakter[10]). Die Nennung des Königs steht dabei in Parallele zu der Nennung „Gottes" im Pyramidentext, d. h., daß der König dabei nicht als irdischer Regent anzusehen ist, sondern als Verkörperung Gottes, bzw. der tragenden Königsidee. Die Stelle in dem Königsbrief ist daher nicht als eine Beziehungnahme des Pharao auf seine eigene Person als irdischer Herrscher zu verstehen, sondern bringt seine

---

6) S. u. S. 42ff.
7) S. u. S. 78.
8) S. u. S. 32f.
9) Pyr. 1189 a b.
10) Brunner-Traut, Der Tanz im Alten Ägypten 34ff.; Junker, Giza V, 7.

Rolle als Verkörperer der Königsidee zum Ausdruck, als welcher er göttlichen Charakter hat. Für uns ist die Stelle insofern bedeutungsvoll, als sie zeigt, daß der König selbst seine eigene Position von verschiedenen Gesichtspunkten aus betrachten kann, indem er in einem Dokument von sich als irdischem Herrscher spricht, soweit es sich um materielle Anordnungen handelt, daneben aber auch seiner göttlichen Natur Erwähnung macht, wenn es einen Aspekt betrifft, der über das primär Irdische hinausreicht.

Ein Fall von besonderem Interesse ist die Episode, die uns *Rˁ-wr* in seinem Grabe berichtet (Urk. I 232, 5). Die einleitende Beschreibung zu dem kleinen Unfall im Zeremoniell lautet: *njśwt-bjtj Nfrỉrkȝrˁ ḫˁw m bjtj hrw n śspt ḥȝ dpt-nṯr* „Der König von Ober- und Unterägypten Neferirkareˁ erschien als König von Unterägypten am Tage des Haltens des Vordertaues der Gottesbarke." Der Text fährt dann fort, wie *Rˁ-wr* in seiner Rolle als *śmt*-Priester vor seiner Majestät (*tp-rdwj ḥm·f*) einherging, als ihn das Szepter des Königs unbeabsichtigterweise berührte. Auch hier herrscht eine Trennung zwischen dem in der Überschrift genannten *njśwt-bjtj* und der daran anschließenden Bezeichnung durch *ḥm*. In den Ereignissen, die im Text Erwähnung finden, agiert der König als irdischer Herrscher und nur in der Einleitungszeile liegt eine andere Situation vor. Das ergibt sich aus mehreren Einzelheiten der Formulierung, so aus dem *ḫˁw* „dem Erscheinen", das insbesondere von der Königskrönung gebraucht wird[11]), also den Moment beschreibt, wo der irdische Gewaltträger im Staate seine Herrschaftsrolle übernimmt und auf diese Weise die Fortführung der Königsidee sichert, d. h. in die Verkörperung des nichtirdischen Herrschaftsgedankens eintritt und damit die göttliche Weltenordnung manifestiert. Es ist dies der Moment, wo die im König immanente Herrschaftsobrigkeit hinter seiner abbildenden Funktion zurücktritt, abbildend dahingehend zu verstehen, daß er in seiner Person die Existenz der Weltordnung und des Weltenlenkers vorstellt. *Ḫˁw* ist neben dieser spezifischen Funktion im Zusammenhang mit dem König durchgehend von Gott und seinem Erscheinen gebraucht, in erster Linie vom Sonnengott als Konzept des Weltenlenkers, wie es im Alten Reich erfaßt wurde[12]). Das „Erscheinen" des Königs geschieht darüber hinaus nicht im Rahmen einer „irdischen", mit seinen Regentschaftsrechten zusammenhängenden Funktion, sondern im Rahmen eines Festes, was aus der irdischen Sphäre hinausweist. Das Fest ist nicht nur eine rhythmische Unterbrechung des Alltages, sondern eine Einbeziehung der überirdischen Sphäre in diese Welt und hat primär, insbesondere bei einer stark mythologischen Geisteskonzeption, darstellende Funktion, durch die nichtirdische Vorgänge in Form einer Schau materialisiert werden. In diesem Zusammenhang nimmt auch der König eine besondere Funktion an, die über seine irdischen Grenzen hinausreicht und wird Teil der Vorstellung, d. h. er läßt die in seiner Stellung mitkonzipierten übernatürlichen Kräfte frei werden und erscheint nicht als Regent des irdischen Ägyptens, sondern als Träger der kosmischen Ordnung.

Für unsere stark rationelle Denkungsweise liegt in der Formulierung des ägyptischen Textes eine Tautologie vor, indem es wörtlich heißt, daß der

[11]) WB III 239 B.

[12]) Junker, Pyramidenzeit 27.

„König von Ober- und Unterägypten Neferirkareʿ als König von Unterägypten erschien“. Wir sind hier sofort bereit, von einer Unlogik des Ausdrucks zu sprechen, da ja der König beider Länder nicht gleichzeitig als König nur eines Herrschaftsteiles agieren könne. *Njśwt-bjtj* ist dieser König grundlegend als Träger der Regentschaft und Verkörperung des Königtums[13]); dies ist an dieser Stelle ganz richtig vom Ägypter erkannt, indem er die Bezeichnung des Königs in den Namensring einschließt. Damit ergibt sich aber eine Einheit dieser beiden Elemente, und wir tun nicht gut daran zu übersetzen „der König von Ober- und Unterägypten“, da dies dem vorliegenden besonderen Falle nicht gerecht wird. Es wäre vorzuziehen, dafür „der Herrscher N“ zu setzen, wodurch besser zum Ausdruck gebracht würde, daß *njśwt-bjtj* hier die Herrscherfunktion, abgeleitet aus der göttlichen Weltordnung, zum Ausdruck bringt, während das daran anschließende *m bjtj* die spezifische Form beschreibt, in der sich das Herrschertum des *Nfrỉrkꜣrʿ* bei der Gelegenheit des Festes manifestierte. Es ist nicht nur das Tragen einer bestimmten Krone oder irgendwelcher anderer Insignia, die den König in einer bestimmten Form charakterisieren, sondern dies sind nur die Abzeichen, die mithelfen, das Potentielle der verkörperten Idee zur Darstellung zu bringen. Die interessante Stelle, in der die vorherrschenden Strömungen besonders klar zum Ausdruck kommen, ist also dahingehend zu verstehen, daß das „Erscheinen“ des Königs bei dem Feste ein religiös-mythologischer Akt ist, in dessen Rahmen er das Herrschertum, das hier klar als identisch mit dem Weltregententum zu fassen und daher ein Widerspiegel des Göttlichen ist, zur Darstellung bringt. Die daran anschließende Schilderung der Ereignisse, die bei dieser Gelegenheit geschahen, also nicht in den Rahmen des Festes gehörten, bezeichnen den König als *ḥm*. Hier ist der König nicht mehr Verkörperung der „Herrschaft“, sondern irdischer Regent. Die Stelle wird uns später noch eingehend im Zusammenhang mit der Bezeichnung *ḥm* beschäftigen[14]).

Eine in sich geschlossene Gruppe bilden drei Graffiti, die auf einem Felsen bei Tomâs in Unternubien aufgezeichnet wurden. Sie sind offensichtlich gleichzeitig eingemeißelt worden und erinnern an eine Expedition, die unter der Herrschaft des Königs *Nfrśꜣḥr* (= Pepi I.) ausgeführt wurde. Die uns hier beschäftigenden Angaben beinhalten jeweils eine Beschreibung der gestellten Aufgabe. Die drei Stellen sind: (Urk. I 208, 16; 209, 1; 209, 3) *hꜣb r wbꜣ ʾIrṯt n njśwt-bjtj Nfrśꜣḥr ʿnḫ ḏt, hꜣb r wbꜣ ẖꜣśwt rśwt n Ḥr Mrj-tꜣwj Nfrśꜣḥr ʿnḫ ḏt, hꜣb m rk Ḥrw-nb Nfrśꜣḥr* „Gesandt um *ʾIrṯt* zu ‚öffnen‘ für den König Nefersahor, er lebe ewiglich“, „gesandt um die südlichen Fremdländer zu öffnen für den Horus *Mrj-tꜣwj* Nefersahor, er lebe ewiglich“, „gesandt in der Zeit des Goldhorus, Nefersahor“. In allen drei Fällen spricht ein „Kommandant von Hilfstruppen“[15]), also ein militärischer Truppenführer, über den Auftrag, der ihn in diese, für damalige Verhältnisse wohl recht verlassene Gegend führte. Es ist nicht angegeben, wer diesen Auftrag erteilte; sicher

---

[13]) Müller, H., Die formale Entwicklung der Titulatur der ägyptischen Könige 44.

[14]) S. u. S. 59.

[15]) Die Begründung der Übersetzung des Titels, die von der vom Wörterbuch (WB I 159, 8) und Gardiner (PSBA 37 [1915] 117ff.) vertretenen Ansicht abweicht, muß an anderer Stelle erfolgen.

erscheint jedoch, daß er nicht direkt vom König stammte. Nur der Zweck der Unternehmung ist angegeben, der als *wb3* ,,öffnen", wohl besser mit ,,explore" zu übersetzen, bezeichnet wird. Diese Aktion steht im Rahmen des Königtums, wird nämlich ,,für" den *njśwt-bjtj*, bzw. den Horus *Mrj-t3wj Nfrš3ḥr*, ausgeführt. Es bedarf wohl keiner besonderen Hinweise, daß diese Unternehmung nicht für eine bestimmte Herrscherpersönlichkeit, sondern für das Herrschertum vollbracht wurde, wie es sich in der Person des regierenden Königs manifestierte. Dies wird besonders deutlich durch das zweite Beispiel, das nicht nur den *njśwt-bjtj*, sondern darüber hinaus auch den Horus-Aspekt des Königs nennt, in welchem ganz besonders die göttliche Natur des Königtums zum Ausdruck kommt. Ähnlich auch das dritte Beispiel, das eine Zeitangabe in den Mittelpunkt stellt (*m rk*). Warum in diesem Zusammenhang der Gold-Horus-Name des Königs Erwähnung findet, ist mir nicht ersichtlich. Es besteht jedoch die Möglichkeit, daß die Absicht bestand, in den drei Inschriften, die nahe beieinander auf den Felsen eingemeißelt wurden, die verschiedenen Aspekte des Königtums mit Namen zu nennen und die Ausdrücke zu variieren[16]). Dies scheint auch durch den Parallelismus von *ʾIrṯt* und *ḫ3śwt rśwt* bestärkt, die beide auf die gleiche Landschaft Bezug zu nehmen scheinen. Für unsere Untersuchung sind diese drei Beispiele von nicht geringer Bedeutung. In einer beträchtlichen Anzahl von biographischen Inschriften aus den Gräbern der Großen des Alten Reiches finden wir Berichte, daß sie der König (*ḥm*) zu bestimmten Unternehmungen aussandte, wie es uns später noch im Detail interessieren wird[17]). Bei allen diesen Fällen liegt ein persönlicher Kontakt zwischen König und Beauftragtem vor, während es sich in diesem Falle um ein militärisches Kommando handelt, das im Befehlswege an die ,,Kommandanten der Hilfstruppen" gerichtet wurde, ohne daß dabei ein persönlicher Kontakt mit dem König vorlag. Sie erhielten nur den Auftrag, d. h. sie ,,wurden geschickt", um eine militärische Aktion durchzuführen. Dieselbe aber geschieht für das ,,Königtum", und dieses wieder ist durch den jeweils regierenden Herrscher verkörpert, was aber nicht mit dem irdischen Charakter des Königs, den er neben seiner Rolle als Herrschaftsträger besitzt, kollidiert. Somit ist die Nennung des Königs in diesem Rahmen mit seinem formellen Titel und darüber hinaus seine Bezeichnung mit dem Horusnamen vollauf berechtigt, da die in Nubien durchgeführte Aktion ja nicht für den menschlichen König, sondern für den Herrscher auf dem Throne, damit also der Verkörperung des Herrschaftsgedankens, geschieht.

In dem Erlaß des Pepi I. zu Gunsten der Pyramidenstädte seines Vorgängers auf dem Horusthron, Snofru, wird der Empfänger des königlichen Aktes zweimal mit *njśwt-bjtj Śnfrw m Ḫʿw-Śnfrw* bezeichnet (Urk. I 210, 1 und 213, 12). Der ersten dieser beiden Fälle steht im sog. ,,docket", d. h. der Inhaltsangabe des nachfolgenden Verwaltungserlasses, das ungefähr unserem ,,betreff" ver-

---

[16]) Ein ähnlicher Fall liegt allem Anschein nach in einem in Amenemet's I. Pyramide in Lischt wiederverwendeten Block aus dem Grabdenkmal des Königs Cheops vor, auf dem neben dem königlichen Namen auch der Gold-Horus-Name genannt wird (Hayes, The Scepter of Egypt 62, fig. 39).

[17]) S. u. S. 64f.

gleichbar ist[18]), das andere Mal ganz am Ende des Textes, wo nachdrücklich die in dem Erlaß getroffenen Befreiungen dahingehend zusammengefaßt werden, daß dadurch der Kult des verstorbenen Herrschers „geschützt“ sein soll. Der für den verstorbenen Herrscher durchzuführende Kult besteht in drei Formen, dem *wꜥb*, dem *šdt ibd* und dem *irt ḫt-nṯr*. Insbesonders die letzte Form ist von Interesse, da sie deutlich den göttlichen Charakter des Empfängers des Kultes zum Ausdruck bringt, wie auch dieser Terminus anderweitig im Zusammenhang mit „Göttern“ gebraucht wird[19]). Ist somit der verstorbene Herrscher als Kultempfänger einem Gott gleichgesetzt, so zeigt die Formulierung der einleitenden Stelle dasselbe Resultat. Die Parallelität zu der Nennung von Min in Urk. I 280, 17 ist so offenkundig, daß kein Zweifel bestehen kann, daß Snofru als „Gott“, zumindest aber als „vergottet“ anzusehen ist. Nun darf aber nicht übersehen werden, daß er hier nicht als persönlicher König angesprochen ist, sondern als Träger des Königtums. Darüber hinaus ist es kein lebender Regent, sondern er ist eingekehrt zu seinem Ka, was wir vielleicht besser als „vollendet“ wiedergeben können. Dadurch aber hat er, wie bereits oben ausgesprochen wurde, die irdischen Bande abgestreift und wurde auf diese Weise Teil des Herrschaftsgedankens, der — und hier stehen wir vor einer Schwierigkeit im Erfassen — sich für den Ägypter nicht nur im Abstrakten, sondern in verschiedenen Formen manifestieren kann. So wie die verschiedenen Götter aus dem Einen emanieren und daher alle Teil von ihm sind und doch verschiedene Aspekte zum Ausdruck bringen, alle aber göttlich sind, so auch im Königtum, wo jeder einzelne Herrscher, wenn er die Verbindung mit dem Irdischen abgestreift hat, zu einer Manifestation des Weltenherrschers, also „Gottes“ oder, wenn man will, der Königsidee wird, die er während seines irdischen Lebens nur unter bestimmten Voraussetzungen verkörpert. Jeder einzelne von ihnen ist in seiner Vollendung Gott und doch gleichzeitig nur eine Emanation Gottes. Die Steigerung ins Rein-Göttliche, die für den Ägypter mit dem Scheiden des Königs aus dem Irdischen verbunden war und das Eingehen in die göttliche Natur, hat Junker[20]) bereits herausgearbeitet, indem er nachwies, daß *ḥm-nṯr*-Priester nur für den verstorbenen, nicht aber für den lebenden König fungierten. Auch hier sehen wir den Aufstieg in die reine Verkörperung, die des Materiellen entbehrt, und durch die der König zu einem Gott wird, indem er als solcher völlig Teil des Herrschertums wird, das er auf Erden nur in einem beschränkten Maße manifestiert. Daher ist es richtig, daß hier das volle *njśwt-bjtj Śnfrw* steht und nicht nur eine Nennung des Könignamens, da ja gerade durch das Voranstellen des *njśwt-bjtj* der Herrscher-Charakter zum Ausdruck gebracht wird.

In gleicher Weise ist auch Urk. I 179, 5—6 aufzufassen, das eine Widmungsinschrift des regierenden *Ḏdkꜣrꜥ* zu Ehren seines Vorfahren *Njwśrrꜥ* enthält. Djedkareꜥ gebraucht hier alle königlichen Bezeichnungen für seine Person, bezeichnet sich also deutlich als Herrscher auf dem Thron. Als solcher aber ist er göttlich und darüber hinaus kann er nur als solcher eine derartige Anord-

---

[18]) Eine ausführliche Diskussion dieser Praxis der königlichen Kanzlei, den Inhalt eines Dokumentes zusammenzufassen, wird in meiner Bearbeitung der Alten Reichs Dekrete vorgenommen werden.

[19]) WB I 125, 1—2.

[20]) Giza VI, 9ff.

nung treffen, die ja nicht im Bereich seiner persönlichen Macht steht, sondern die ihm nur als Verkörperung des Herrschertums möglich ist. Es handelt sich hier nicht um einen persönlichen Akt des Königs, sondern um, wir würden sagen, einen „Staatsakt", der sich auf dem dem König immanenten göttlichen Herrschaftsrechte gründet.

Wir finden dieselbe Situation auch in den Angaben des Palermo-Steines, wo gleichfalls die vom Könige erfolgten Stiftungen immer vom *njśwt-bjtj*-Namen in der Kartusche eingeleitet werden[21]), es sich also um Ausübung der Herrschaftsgewalt handelt. Der verstorbene Herrscher aber wird in der zur Diskussion stehenden Widmungsinschrift als *njśwt-bjtj Njwśrrʿ* bezeichnet, führt aber keine andere königliche Bezeichnung. Ob dieselben dem lebenden Regenten in seiner Herrscherrolle vorbehalten waren, wage ich nicht zu entscheiden; eindeutige Beispiele, die die Frage klarstellen könnten, fehlen. Auch hier, wie im oben besprochenen Fall des Königs Snofru, ist der verstorbene Herrscher als *njśwt-bjtj* bezeichnet, womit er sich als Träger der Herrschaft kenntlich macht und als solcher in die Sphäre des Göttlichen hineingehoben ist.

Eine in sich geschlossene Gruppe von besonderer Deutlichkeit bilden die königlichen Erlässe des Alten Reiches, vornehmlich diejenigen, die in Koptos gefunden wurden[22]). Auch in diesen treffen wir ein Nebeneinander verschiedener Ausdrucksformen, wobei die dabei vorliegende Wahl von großer Bedeutung ist. Die Inschriften werden grundsätzlich als *wḏ njśwt* bezeichnet, das, wie an anderer Stelle ausgeführt werden soll, als *sḏm·f* aufzufassen ist und den nachfolgenden Text als Verbalakt „der König hat befohlen" beschreibt. Die einzelnen Ausführungen werden jedoch in den meisten Fällen von einem *iw wḏ·n ḥm(·i)* eingeleitet, bis auf eine geringe Zahl von Beispielen, wo dafür die Formulierung *iw wḏ·n njśwt-bjtj NN* steht. Zwei besonders markante Fälle dieser Art aus dem Dekret Koptos b) sollen herausgegriffen werden. Der erste (Urk. I 282, 9) bildet den Abschluß des Hauptteiles des Erlasses, an den sich Ausführungsbestimmungen sowie Erweiterungen anfügen. Es ist somit als eindeutig emphatischer Abschluß kenntlich, in dem das als Einleitung gesetzte „der König hat befohlen" nochmals aufgenommen wird und erneut, und zwar in betont zeremonieller Form, zum Ausdruck gebracht wird.

In ähnlicher Weise ist auch die Stelle Urk. I 283, 4 zu verstehen, die sich mit einer Beschwerde befaßt, die an den König in Zusammenhang mit älteren Erlässen gerichtet wurde, die aber durch den König annulliert werden. Auch hier handelt es sich um eine feierliche Erklärung durch den Herrscher, die dadurch stark von dem kurz vorher erwähnten *n rdj n ḥm·(i)* absticht. Die Proklamation eines „Gesetzes", wie sie in beiden Fällen eindeutig vorliegt, zeigt den Pharao nicht als irdischen Amtsträger, der Anordnungen nach seinem Gutdünken trifft, sondern beschreibt ihn vielmehr als Verkörperung der Rechtsordnung, die identisch ist mit der Weltordnung und die er kraft seines Herrscheramtes ausübt. Das Erlassen von Gesetzen und Anordnungen dieser Art ist dem König nur durch sein Herrscheramt, nämlich als *njśwt-bjtj*

---

21) Urk. I 240,6; 243,6; 249,1.

22) Eine zusammenfassende Neubearbeitung der wichtigen Textgruppen soll in nächster Zeit vorgelegt werden.

möglich, um demselben auch „Rechtskraft" zu geben. In diesen Fällen ist der König primär Rechtsperson, d. h. das Recht, das ja die Grundlage der Staatsordnung bildet, findet durch ihn seinen Ausdruck.

In gleicher Weise ist auch die Schlußbestimmung der Königserlässe aufzufassen. Die Formulierung, wie sie uns z. B. in Koptos b) vorliegt, ist dabei besonders aufschlußreich. Sie lautet (Urk. I 283, 16—17): *iw wḏ·n ḥm(·i) ḫwt·śn mj ḫt n Mnw Gbtj mjn mȝwj m wḏw ḥrj-tp njśwt-bjtj Nfrkȝrʿ ʿnḫ ḏt r nḥḥ* „(Meine) Majestät hat befohlen, daß sie geschützt sind wie das Eigentum des (Gottes) Min von Koptos heute erneut auf Befehl des Königs Neferkareʿ, er lebe immer und ewiglich." Im ersten Teil der Bestimmung trifft der König eine Anordnung, wobei er mit *ḥm* bezeichnet wird. Zu Gesetzeskraft wird dieselbe erst durch das daran anschließende *m wḏ ḥrj-tp njśwt-bjtj* „auf Befehl des Königs . . . . ." erhoben. Aus dieser Stelle geht eindeutig hervor, daß *njśwt-bjtj* hier den Herrscher als Rechtsquelle bezeichnet, während das vorangehende *ḥm* ihm nur Anordnungen möglich macht, die erst durch seine Natur als *njśwt-bjtj*, d. h. als Verkörperung und Träger der Herrschaft, die in sich wieder mit der Weltordnung identisch ist, rechtsverbindlich werden. In dieser Rolle stellt der König den Weltherrscher, also Gott, dar, und es ist ausschließlich in dieser Funktion, daß es ihm möglich ist, Gesetze zu erlassen.

Es ist dabei bezeichnend, daß immer dort, wo es sich um persönliche Anordnungen des Königs handelt — auch von diesen befinden sich eine Anzahl unter den Königserlässen —, dieses wichtige *m wḏ ḥrj-tp njśwt-bjtj* nicht erscheint, sondern es auf jene Fälle beschränkt bleibt, wo der König gesetzgeberische Anordnungen trifft.

Zwei Sonderfälle aus dem Königserlaß Koptos b) sowie die davon abhängige Kopie Koptos c) verdienen besondere Beachtung. Der erste derselben ist ein Königseid, der ein stark betontes Verbot einleitet (Urk. I 283, 9 und 287, 8) *ʿnḫ njśwt-bjtj Nfrkȝrʿ ʿnḫ ḏt r nḥḥ iṯj·k-w śn r* . . . . . „So wahr der König Neferkareʿ, er lebe immer und ewiglich, lebt, du sollst sie nicht nehmen zu . . . . ." Die Parallele dazu ist völlig gleich gebaut, bis auf die Auflösung von *ʿnḫ* in *ʿnḫ ḏd śnb*. Die Bestimmung beinhaltet deutlich ein Verbot und man fragt sofort, aus welchem Grunde diese ungewöhnliche Form gewählt wurde und nicht das sonst so häufige *n rdj·n ḥm(·i)* „Nicht erlaubt (meine) Majestät . . . ." Der Zusammenhang ist hier von größter Bedeutung; im Vorhergehenden bestätigt der König die Erlässe seiner Vorgänger, die den „Schutz" des Min-Tempels zum Inhalt hatten. Es handelt sich also um eine, in moderner Terminologie ausgedrückt, Wiederverlautbarung eines älteren Gesetzes. Da dasselbe als solches bereits Gesetzeskraft besitzt, erübrigt sich eine neuerliche Anordnung desselben, ja ist sogar unmöglich, da ein Befehl nicht erneut befohlen werden kann. Die Bekräftigung der unvermindert bestehenden Gesetzeskraft dieser Erlässe, die von einem (oder mehreren) Vorgängern des Königs auf dem Throne stammen, erfolgt daher nicht durch die erneute Anordnung (*wḏ*) derselben, sondern deren Inhalt, bzw. die ihnen inhärente Gesetzeskraft wird durch den Königseid bestätigt, bzw. das von einem Vorgänger erlassene Gesetz wird auf diese Weise mit dem herrschenden Pharao identifiziert[23]). Dabei ist

---

[23]) Ein Vergleich mit dem von König Sahureʿ gegebenen Eid in der Inschrift des *Njʿnḫśḫmt* ist überaus aufschlußreich. In diesem Falle handelt es sich um

es wichtig zu beachten, daß der Eid in Verbindung mit einem Verbot ausgesprochen wird. Die Formulierung des Eides als „So wahr der König Neferkareʿ lebt" ist darüber hinaus bedeutungsvoll, indem die Existenz des regierenden Herrschers, der in seiner Rolle als König die unverletzliche Tradition des Königtums fortführt, die Beachtung des Gesetzes fordert und darüber hinaus garantiert. Daraus ergibt sich, daß, zumindest nach der vorherrschenden Idee, das Gesetz nicht von einer regierenden Person, sondern von dem Vertreter des Königtums erlassen wurde, wodurch seine Gültigkeit nicht auf die Regierungszeit des dekretierenden Herrschers beschränkt ist, sondern permanent wirksam bleibt.

Zu dieser „Wiederverlautbarung" eines früheren Gesetzes gehört noch eine zweite Aussage, die gleichfalls hier besprochen werden muß. Sie ist uns nur im Dekret Koptos c) vollständig erhalten, während sie in Koptos b) teilweise zerstört vorliegt. Es handelt sich um den Abschluß des Abschnittes, der die Wiederverlautbarung zum Inhalt hat (Urk. I 287, 12—13): *mrrt njśwt-bjtj Nfrkꜣrʿ pw, ʿnḫ ḏt r nḥḥ, irt ḫt ḫft mdt nt wḏw pn* „Das was der König Neferkareʿ, er lebe immer und ewiglich, wünscht, ist das Handeln gemäß dem Wortlaut jenes Befehles." Dieses *wḏw pn* bezieht sich auf den Befehl des Vorgängers, dessen Befolgung hier „gewünscht", jedoch nicht befohlen (!) wird. Die Formulierung erlaubt einen tiefen Einblick in die ägyptische Konzeption von Recht und Gesetz, dessen Befolgung sowie den Fall seiner Mißachtung. Das Gesetz selbst wird vom Königtum auf Grund seiner gottgesetzten Position proklamiert, wodurch ein königliches Gesetz grundsätzlich dem göttlichen Gesetz moralischer Art entspricht. *Wḏ* in diesem Zusammenhang ist nicht ganz richtig mit „befehlen" übersetzt, da es nur auf die Proklamation des Gesetzes Bezug hat, nicht aber dessen Ausführung prinzipiell verlangt. Das Gesetz ist Ausdruck dessen, was Recht ist, d. h. es ist in Harmonie mit den göttlichen Grundlagen, wie sie vom Weltenherrscher ausgeübt werden. Seine Ausführung ist gottgewollt, jedoch nicht obligatorisch im talmudistischen Sinne, führt aber bei der Befolgung zur Rechtschaffenheit, d. h. zur Beliebtheit bei Gott. Daraus aber ergibt sich, daß ein Handeln nach dem Rechte, bzw. nach dem Gesetz, einem Befolgen dessen entspricht, was Gott, und in seiner Vertretung auf Erden der König, wünscht, nicht aber ein sklavenhaftes Befolgen eines Gebotes. Dieses Konzept zeigt einen wesentlich weiteren Spielraum für den menschlichen Willen, dem es anheimgestellt ist, sich dem gottgewünschten Rechte anzuschließen und damit das Recht, d. h. das in der gottgesetzten Weltordnung Verankerte, zu tun. Folgt er aber nicht dem, „was Gott (bzw. der König) wünscht", so stellt er sich außerhalb der Weltordnung[24]) und verfällt damit der Strafe, sowohl im materiellen, wie im geistigen Sinne. Es ist daher bezeichnend, daß in unserem Falle auf die Feststellung dessen, „was der König wünscht", eine Bestimmung über die aus der Nichtbeachtung resultierenden Strafen folgt.

---

einen persönlichen Akt des Königs, den er seinem Diener angedeihen läßt. Die Zusicherung der Durchführung liegt grundsätzlich im physischen Bereich des Regenten und nicht in seinem Amte. Es ist daher auch nicht unwesentlich, daß die Formel *śnb fnḏ (·i) pn* „so wahr diese (meine) Nase heil ist" und nicht *ʿnḫ* .... „so wahr ..... lebt" angewandt ist.

[24]) D. h. außerhalb der *mꜣʿt*. Vgl. dazu Urk. I 281,10 und die Variante 285,17.

Unsere Stelle wird untermauert durch Textstellen wie z.B. Urk. I 57, 14 *ḏd·n(·i) mꜣꜥt mrrt nṯr rꜥ nb* „Ich sprach das Rechte, das Gott wünscht, alle Tage", wo wie oben der Wunsch Gottes als leitende Kraft genannt wird. Darüber hinaus ergibt sich aus der klaren Parallelität der beiden Sätze, daß dem *mꜣꜥt* das *wḏw* des königlichen Erlasses entspricht, daß also das vom König in seiner Rolle als Verkörperung des Weltenherrschers dekretierte Gesetz gleich der gottgesetzten Weltenordnung (*mꜣꜥt*) anzusehen ist, also in beiden Formen das Recht zum Ausdruck kommt.

Fassen wir somit die Fälle zusammen, in denen in den Inschriften des Alten Reiches, soweit sie nicht in den Rahmen der Pyramidentexte fallen, der König mit *njśwt-bjtj NN* bezeichnet wird, so sehen wir einen einheitlichen Grundzug. Immer dann, wenn der König nicht in seiner menschlichen Person, sondern als Verkörperung des Herrschertums angesprochen wird, findet sich diese Bezeichnung, die ihn aus dem menschlichen Kreis heraushebt und ihn als Herrscher über Ägypten kennzeichnet, in welcher Rolle er das gottgesetzte und hiermit göttliche Königtum verkörpert.

njśwt.

Wesentlich zahlreicher als die im Vorhergehenden besprochenen Fälle, in denen durch *njśwt-bjtj NN* auf eine bestimmte Herrscherpersönlichkeit verwiesen wird, sind jene, in denen *njśwt* in den Texten aufscheint. Der grundlegende Unterschied ist von Anbeginn deutlich erkennbar, indem in dieser Form ohne Namensnennung keine Beziehung zu einem bestimmten Herrscher angestrebt wird, sondern es sich dabei um eine grundlegende Benennung des Monarchen handelt, wie dies im Einzelnen zu zeigen sein wird. Bevor wir uns der Untersuchung der recht zahlreichen Beispiele zuwenden können, müssen noch einige Momente allgemeiner Natur vorausgeschickt werden. Die Schreibung, in der uns der Ausdruck *njśwt* entgegentritt, ist, abgesehen von einzelnen noch gesondert zu besprechenden Ausnahmen, in phonetischer Form als , worin sich der Ausdruck von der abgekürzten Schreibung, wie sie uns im Königstitel *njśwt-bjtj* entgegentritt, unterscheidet. Daraus zeigt sich aber bereits, daß in diesen Fällen das *njśwt* nicht direkt mit dem Königstitel identisch ist, sondern eine selbständige Bezeichnung des Herrschers beinhaltet. Dies ergibt sich weiterhin aus der Einseitigkeit, mit der das *njśwt* erscheint, während das dazu im königlichen Titel parallel stehende *bjtj* nicht bei Einzelbezeichnung vorkommt. Inwieweit hierbei historische Momente hereinspielen, wie sie insbesondere Sethe in seiner „Urgeschichte" herausgestrichen hat[25]), bleibe dahingestellt und ist darüber hinaus für unsere Belange von untergeordneter Bedeutung, da unsere Fragestellung hier nicht dahin gerichtet ist, die Ursprünge des Königtums zu untersuchen, sondern vielmehr die Form, in der es sich im Alten Reich darstellte. Daher ist die Frage in diesem Zusammenhang dahingehend zu stellen, welche Form des Königs durch *njśwt* bezeichnet wird, wobei die beiden prinzipiellen Aspekte, als irdischer König

[25]) Sethe, Urgeschichte und älteste Religion der Ägypter (Abh. z. Kunde d. Morgenlandes 18).

und als Verkörperung des Weltherrschers, und damit Gottes, auseinanderzuhalten sind.

Es ist dabei vorauszuschicken, daß in allen jenen Fällen, in denen in Titeln auf das Königtum Bezug genommen wird, immer die Bezeichnung *njśwt* Verwendung findet[26]). Schon daraus ergibt sich, daß es sich bei diesem Terminus nicht um eine Bezeichnung der irdischen Person des Königs handeln kann, sondern daß derselbe direkt auf das Konzept des Königtums Bezug hat. Diese grundlegende Qualität der Bezeichnung, wie wir sie bereits aus dieser Verwendung des Ausdrucks ersehen können, wird weitgehend bestätigt durch den Gebrauch in den Inschriften des Alten Reiches, die darüber hinaus wesentliche Einzelheiten über den mit *njśwt* bezeichneten Aspekt des Königtums gewähren.

Wir haben oben einen Fall kennengelernt, wo der König einem seiner Getreuen ein Grab als ehrende Auszeichnung errichten ließ. Es war dabei besondere Betonung nicht nur auf den königlichen Ursprung der Auszeichnung, sondern darüber hinaus auch noch ein Augenmerk auf die Herrscherpersönlichkeit gelegt, die sich bemühte, die Gabe nicht nur als königliche Auszeichnung, sondern als solche eines bestimmten Herrschers festzuhalten. Anders liegt der Fall in dem langen Kontrakt mit den Totenpriestern, den wir aus Giza haben und der aller Wahrscheinlichkeit nach aus der V. Dynastie stammt. Der für uns leider unbekannte Grabherr spricht darin (Urk. I 14, 7) über den zu seiner Totenstiftung gehörigen Besitz als *rdt·n n·(i) njśwt r im3ḫ(·i)* „den mir der König gegeben hat für meine Versorgung"[26a]). Da wird die Stiftung, über die der Grabherr in den ausführlichen Bestimmungen verfügt, eindeutig als Königsgabe bezeichnet. Ein bestimmter Herrscher ist nicht erwähnt und die im Text vorkommende Bezeichnung *m Wr-Ḫʿfrʿ* ist ein geographischer Terminus über die Lage des Grabes, nicht aber ein Hinweis auf den gebenden König, wie dies Sethe verstehen wollte. Der Fall ist also nahe mit dem oben besprochenen verwandt[27]), da auch hier der König als Ursprung der Totenstiftung erscheint. Daß hier keine besondere Herrscherpersönlichkeit genannt wird, ist in doppelter Hinsicht interessant. Es zeigt sich hier, daß der königliche Ursprung wesentlich wichtiger war, als die Bezugnahme auf einen bestimmten Herrscher, es sei denn, es liegen persönliche Bindungen vor, wie wir sie in einer Anzahl von Fällen finden, die uns noch später beschäftigen werden. Weiterhin ist es wichtig, daß, zumindest in diesem Falle, die erfolgte Beschenkung als ein Staatsakt gewertet wird und nicht als ein persönlicher Zug des Monarchen, wie wir das auch finden[28]). Die Anerkennung von Leistungen im Rahmen des Staates fällt somit nicht auf die persönliche Freigebigkeit des Königs zurück, sondern die Anerkennung wird in gesetzlicher Form ausgesprochen, d. h. der Herrscher macht eine Eigentumsübertragung von Landbesitz, der ursprünglich der Krone unterstellt war. Daß es sich keineswegs um eine persönliche Aktion des Königs handeln kann, geht darüber hinaus noch

[26]) Eine Ausnahme scheint der häufig vorkommende Titel 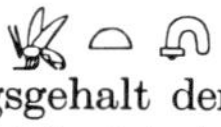 zu bilden, der als einziger mit *bjtj* zusammengesetzt ist. Der Bedeutungsgehalt der Bezeichnung ist ungeklärt, insbesondere ist es eher fraglich, ob es sich dabei um einen „Amtstitel" handelt, der in direkter Beziehung zur unterägyptischen Reichshälfte steht.

[26a]) Vgl. dazu Helck, MDIAK 14 (1956) 68.

[27]) S. o. S. 7.

[28]) S. u. S. 52f.

aus einer weiteren Einzelheit hervor. Die ausgesetzten Stiftungen greifen in das Gebiet des *ẖrjt-nṯr*, des „Gottesackers" (wörtlich des Gottesbesitzes), ein, unterstehen also einem Aspekt des Königtums, der nicht in dessen irdische Belange gehört, sondern nur durch einen Herrschaftsakt ausgeführt werden kann. Das um so mehr, wenn, wie hier, das Grab im Besitz eines anderen Gottes liegt, in dem der König, der als Eigentümer des Friedhofes anzusehen ist, zur Zeit der Vergebung verstorben, somit also „göttlich" war, wodurch erneut nur durch einen Akt, der auf den voll königlichen Herrschaftsrechten beruhte, eine derartige Gabe möglich war.

Um zu einer solch ehrenden Auszeichnung gelangen zu können, bedurfte es natürlich eines Ansehens beim König, das sowohl auf persönlicher Basis, in einer Vertrauensstellung beim Regenten, aber auch auf unpersönlicher Basis statthaben konnte. Wenn sich *Mrrwkꜣ* (Urk. I 88, 15) *ink wr n njśwt* „Ich war ein Großer des Herrschers . . ." nennt, so heißt das nicht, daß er deswegen keine persönlichen Bande mit dem König haben konnte. In dieser Inschrift aber bringt er vor allem seine Stellung dem Herrscher gegenüber zum Ausdruck, und er ist nur zu wohl berechtigt, von sich als *wr n njśwt* zu sprechen, war er doch Vezir und in diesem Range führte er die Geschäfte nicht so sehr des Königs als des Königtums. In seiner Inschrift spricht er auch von anderen Personen und deren Stellung dem Herrscher gegenüber, nämlich den *śmr-wꜥtj*, welche Bezeichnung mit großer Wahrscheinlichkeit einen sozialen Rang, nicht aber eine Amtsstellung zum Ausdruck bringt. Diese (Urk. I 88, 9) werden als *špśśw ẖr njśwt* „ ‚vornehm' beim König" bezeichnet, aus welcher Bezeichnung auch der seit dem Ende der V. Dynastie auftretende Titel *špśś-njśwt* entstanden ist. Daß dabei sicherlich keine persönliche Stellung zum König vorliegen muß, sondern vielmehr diese Bezeichnung eine bestimmte Relation ihres Trägers zum Königtum zum Ausdruck bringt, scheint offenkundig. Daß sich daneben aber auch Fälle finden, wo ein *špśś ẖr ḥm* auftritt, wie dies noch zu untersuchen sein wird[29]), widerspricht in keiner Weise der hier vertretenen Ansicht, daß es sich bei der Bezeichnung nicht um ein persönliches Verhältnis, sondern um eine Position im Rahmen des Staatsaufbaues handelt, in dessen Zentrum der König als Verkörperung des Herrschertums steht. Fälle, in denen ein derartiges *špśś ẖr njśwt* erscheint, sind nicht gerade selten, so z. B. in mehreren Wiederholungen in der biographischen Inschrift des *Ptḥšpśś* (Urk. I 51, 14, 17; 52, 5). Bereits in seinen Jugendtagen zeichnete sich dieser Mann, der später zu hohen Ehren aufstieg und sogar die Tochter eines Königs heiratete, aus und erfreute sich des königlichen Ansehens, indem er die ihm Gleichgestellten überragte. Daß der Ausdruck des *špśś ẖr njśwt* in einem komparativischen Vergleich auftritt, ist an sich bereits bezeichnend und unterstreicht die erschlossene Beziehung dieses Ausdrucks auf den Herrscher, nicht aber auf die Person des Königs, da es unwahrscheinlich ist, daß eine allgemeine persönliche Kenntnis aller *ẖrdw*, *idw* oder *bꜣkw* durch den König möglich war. Es kann sich also bei diesem Ausdruck nur um eine Bezeichnung im Rahmen des staatsrechtlichen Aufbaus des Königtums handeln, nicht aber um eine persönliche Beziehung. Vgl. dazu ferner Urk. I 81, 6; 82, 4; 83, 8, wobei besonders bezeichnend ist, daß in dem Fall, wo von einer persönlichen Bezie-

[29]) S. u. S. 65f.

hung zum König gesprochen wird, wie dies offensichtlich in Urk. I 84, 1 der Fall ist, nicht die Bezeichnung *njśwt* gebraucht wird.

In diesem Zusammenhang muß auch der Ausdruck *imꜣḫw ḫr* erwähnt werden. Grundsätzlich bringt er eine Beziehung zwischen zwei Personen zum Ausdruck, die ursprünglich auf der Versorgung des Verstorbenen aufbauend zu einem mehr ehrenden Begriff wird[30]). In Verbindung mit *njśwt* bringt es die Versorgung des Verstorbenen aus den königlich-staatlichen Speichern zum Ausdruck, wobei nicht ein bestimmter Monarch als Geber betrachtet wird, sondern der Herrscher schlechthin, wie wir dies auch im Totengebet *njśwt dj ḥtp* finden. Wenn daneben auch Fälle erscheinen, wo *imꜣḫw ḫr* mit der Nennung eines bestimmten Königs verbunden erscheint, so ist das aus dem Bestreben nach Erfassung einer bestimmten Herrscherpersönlichkeit, meist als Stifter einer Gabe, zu verstehen, ohne daß dabei an die menschlich-physische Seite des Monarchen gedacht ist. Kein Beispiel ist mir bekannt, wo *imꜣḫw ḫr* mit *ḥm* verbunden ist[31]).

Die Häufigkeit, mit der *imꜣḫw ḫr njśwt* in Parallele zu *imꜣḫw ḫr nṯr* o. ä. auftritt (so z.B. Urk. I 224, 9), unterstreicht den Charakter des durch *njśwt* bezeichneten Aspekts des Königtums, da eine derartige Zusammenstellung nur möglich erscheint, wenn ein innerer Parallelismus zwischen den beiden Ausdrücken vorhanden ist[32]).

Die verhältnismäßig späte Inschrift des *Ṯntj* (Urk. I 163, 4) berichtet uns, wie sich dieser an den König wandte, um von ihm die Teilnahme an der Totenstiftung seiner Mutter zu erbitten (Urk. I 164, 1). Es hat dabei den Anschein, daß er nicht zum unmittelbaren Hofstaat des Herrschers gehörte. Seine Bitte richtete er *ḫr njśwt*, wobei er das *r imꜣḫ(·i)* herausstreicht. Die Bitte wird ihm offensichtlich gewährt, und so eröffnet er seine Inschrift mit der Feststellung (Urk. I 163, 11) *ir prt-ḫrw prrt·n(·i) m pr-njśwt* „Was das Totenopfer betrifft, das für (mich) aus dem ‚Königshaus' geliefert wird ....." und fährt dann fort, seine diesbezüglichen Bestimmungen zu treffen. Hier, wie schon eingangs, sehen wir den König als Quelle einer Totenstiftung, und es ist gerade in diesem Falle recht deutlich, daß keine persönliche Beziehung zum König vorliegt.

Als *Njʿnḫśḫmt*, der wohl Hofarzt bei *Śꜣḥwrʿ* war, den König um die Ausrüstung seines Grabes ersuchte und dieses sowie die Zusicherung, daß der König für seine Bestattung sorgen werde, auch erhält, da gibt er lauten Lobpreis dem König *(njśwt)* und preist alle Götter für *Śꜣḥwrʿ* (Urk. I 39, 10—11). Obwohl er die Gabe von dem ihm persönlich bekannten König erbeten hatte, richtet er doch seinen Dank nicht an die Person des Königs, — in einem solchen Falle müßte hier **rdj iꜣw n ḥm·f ʿꜣ* stehen, — sondern an den Herrscher *(njśwt)*, was wohl damit zu erklären ist, daß es der König in seiner Herrscherrolle war, der ihm die Gabe zuteil werden ließ und nicht die irdische Person desselben. Interessant in diesem Zusammenhang ist die Parallele, in der die Danksagung an den König erneut, wenngleich in veränderter Gestalt, zum Ausdruck gebracht wird. Hier preist der Beschenkte nicht den König, sondern die Götter,

[30]) Zur Frage der *imꜣḫw* siehe Helck, MDIAK 14 (1956) 66ff.

[31]) Die von Sethe Urk. I 233,5 vorgeschlagene Ergänzung ist sicherlich abzuändern.

[32]) Vgl. auch Urk. I 143, 6.

die hier klar in Parallele zum *njśwt* der vorangehenden Zeile stehen, wobei er dies für *Ś3ḥwrꜥ* tut. Letzterer führt keine weiteren königlichen Titel, nur ist sein Name von der Kartusche eingeschlossen. Die Phrase, *dw3 nṯr n*, „die Götter für jem. preisen" ist uns auch sonst häufig belegt, insbesondere im Zusammenhang mit der Entlohnung der am Grabbau beschäftigten Arbeiter, die für die ihnen zuteilwerdende Beschenkung in Lobeshymnen ausbrechen[32a]. Der Ausdruck ist somit gut im Zusammenhang mit Privatpersonen nachgewiesen, und wir sind dadurch berechtigt, diese Stelle dahingehend zu verstehen, daß *n Ś3ḥwrꜥ* sich hier auf die irdische Person des Königs bezieht. Diese Auffassung ist schon dadurch notwendig, daß wir in einem anderen Falle zu der unmöglichen Situation kommen würden, daß der Beschenkte alle Götter, worunter ja auch der König in seiner Herrscherrolle bis zu einem gewissen Grade zu zählen ist, für den gottgleichen bzw. gottähnlichen Herrscher preist. Dies scheint höchst unwahrscheinlich, und die Situation ist richtig wohl dahingehend zu verstehen, daß der Geehrte erst seinen Jubel und Dank dem Herrscher gibt, durch den ihm die Auszeichnung zuteil wurde, dann aber die Götter für die irdische Person des Regenten preist.

Daß der Herrscher (*njśwt*) das Zentrum allen irdischen Lebens ist und daß er die Quelle darstellt, aus der alle Wohltaten entspringen, unterstreichen nachdrücklich eine Anzahl von Anrufen an die Grabbesucher, bzw. als ein Sonderfall an jene Leute, die den Sarg zu schließen haben (Urk. I 205, 2, 12) *in iw mrjṯn ḥsj ṯn njśwt* . . . . . „Wenn ihr wünscht, daß euch der Herrscher bebelohne . . . . .". Recht ähnlich dazu ist (Urk, I 147, 10—11) *mrrw njśwt pw ḥssw nṯr·śn-nwtj* „die, die der König liebt und von ihrem ‚Heimatgott' belohnt werden, sind diejenigen, welche . . . . .", sowie auch (Urk. I 255, 10) *mrrw njśwt* „die, die der König liebt, sind die . . . . .". In allen diesen Fällen ist die „Beliebtheit" beim König als wünschenswertes Ziel hingestellt, das zu erreichen jedem vorschweben sollte. Der dazu aufgezeigte Weg, nämlich das Aussprechen des Totengebetes, bzw. das ordentliche Schließen des Sarges läßt kaum die persönliche Gunst des Pharao erlangen, woraus sich schon zeigt, daß in allen hier angeführten Fällen es sich bei *njśwt* nicht um die Person, sondern um die Herrschernatur des Königs handelt. Nur dann kann das rechtmäßige Verhalten von Bedeutung sein, wenn der König in seiner Funktion als *njśwt* nicht nur Regent, sondern gleichzeitig auch Repräsentant der Rechtsordnung ist, indem er Gott auf Erden verkörpert. Interessant ist dabei, daß in dem ersten Beispiel eine Alternative gestellt ist und das ordentliche Schließen des Sarges nicht in Befehlsform gefordert wird. Wir fanden dieselbe Einstellung, nämlich die Freiheit im Willensentschluß, bereits in anderem Zusammenhang, wo es klar ersichtlich war, daß die Befolgung der Rechtsordnung von dem Willensentschluß des Einzelnen abhängig gemacht wird, jedoch im Falle der Rechtsübertretung, d. h., wenn der Entschluß nicht mit dem Rechtsprinzip übereinstimmt, die daraus resultierende Folge, d. h. die Strafe, in Kauf zu nehmen ist[33].

In den letztgenannten Fällen fanden wir den König als prinzipiellen Vertreter der Rechtsordnung, die sich im besonderen im ordnungsgemäßen Ver-

---

[32a]) WB V 428, 1. Vgl. auch Edel, MIO 1 (1953) 331.

[33]) S. o. S. 16.

halten dem Verstorbenen gegenüber ausdrückte. Mit anderen Worten heißt das, daß der König als *njśwt* Garant des Rituals ist, ein Zug, der für unsere Denkart nicht mehr in die irdische Sphäre fällt, nach ägyptischer Auffassung aber gleichfalls ein Ausfluß der alles umfassenden Rechtsordnung ist, die auch das ordnungsgemäße Begräbnis einschließt.

Eine in diesen Zusammenhang gehörige Aussage wurde von Junker in Giza gefunden (Giza VIII, 119 = Urk. I 186, 13) *njśwt / inpw mrrw pw ḫrj-ḥbt irj·tj·fj n·(i) ḫt ꜣḫt n ꜣḫw* „Ein vom König / Anubis geliebter Vorlesepriester ist es, der mir das machen wird, was einen Verklärten verklärt.“ Auch hier finden wir den König als Garanten der ordnungsgemäßen Ausführung des Rituals, das somit klar als Teil der allgemeinen Rechtsordnung dargestellt ist. Darüber hinaus ist besonders die Parallele mit Anubis bezeichnend, die darauf hindeutet, daß der König nicht als Person, sondern als Herrscher mit *njśwt* bezeichnet wird und daß er in dieser Funktion eine gottgleiche oder gottähnliche Stellung einnimmt, da er ja dann Verkörperung des Weltherrschers bzw. dessen Vertreter ist.

Da der König somit als Garant der Rechtsordnung anzusehen ist, ist es nur verständlich, daß auch Eidesleistungen mit Anrufung seiner Person, wohl als Eidesschützer aufzufassen, zu finden sind. So in Urk. I 119, 6 *ꜥnḫ n·ṯn njśwt* „so wie der Herrscher für euch lebt .....“, sowie ausführlicher in Urk. I 223, 18 *ꜥnḫ n·ṯn njśwt ꜥnḫ n·ṯn nṯr nt·ṯn ḫr·f* „so wie der Herrscher für euch lebt und so wie der Gott, bei dem ihr seid, lebt .....“. In beiden Fällen folgt darauf die Aufforderung, die Totenopfer und den Totendienst für den Verstorbenen zu vollziehen. Die Form der Eidesleistung ist äußerst ähnlich dem oben besprochenen Königseid, in dem der König in dieser Form die Erfüllung seines Willens fordert[34]). Bemerkenswert ist wieder, wie in dem sehr späten zweiten Beispiel, *njśwt* in Parallele zu *nṯr* gesetzt wird, wobei die Beifügung *nt·ṯn ḫr·f* für das ansonst häufigere *nṯr-nwtj* steht.

Beziehen sich diese beiden Fälle auf die Einhaltung des Totenrituals als Teil der allumfassenden Rechtssatzung, so ist uns ein weiteres Beispiel aus einem privaten Kaufvertrag erhalten. Darin wird die Erfüllung des Geschäftes durch einen Eid bekräftigt (Urk. I 158, 2), wodurch das Rechtsgeschäft offensichtlich unter den König als Hüter der Rechtsordnung gestellt wird. In allen angezogenen Fällen handelt es sich immer um den König als Rechtsperson, niemals aber um die physische Person des Königs.

Haben wir somit den König als Garant der Rechtsordnung in der Bezeichnung *njśwt* zu erkennen, so wird dies weiterhin bestärkt durch die häufige Aussage in den Grabinschriften *n sp ḏd(·i) ḫt nb ḏw ḫr/n njśwt r rmṯ nb* „Niemals sagte ich irgend etwas böswillig vor/zum König gegen irgendwelche Menschen.“ Die Aussage findet sich in einer beträchtlichen Anzahl von Variationen, und es ist daher nötig, hier näher darauf einzugehen. Die Beispiele sind übersichtlich in Edel's „Untersuchungen zur Phrasaeologie der ägyptischen Inschriften des Alten Reiches“[35]) zusammengestellt, welche Bearbeitung hier als Grundlage unserer Untersuchung dienen kann, indem auf die bei ihm angeführten Textstellen verwiesen wird.

---

[34]) S. o. S. 16.

[35]) Mitt. d. Deutsch. Inst. f. Äg. Altertumskunde 13 (1944) 31ff.

Die Aussage erscheint erstmalig in der frühen V. Dynastie in einer Grabinschrift (Urk. I 233, 13—14). In ihr sind bereits alle jene Elemente enthalten, die sich während der ganzen Dauer des Alten Reiches finden. Zu beachten ist dabei die stark emphatische Form, wie sie durch das *n sp* ausgedrückt wird, wodurch das Nachfolgende nicht auf einen einzelnen, spezifischen Fall bezogen werden kann, sondern sich als prinzipielle Feststellung ausgibt. Dabei ist *ẖt*, mitunter durch *nb* erweitert, das logische Objekt von *ḏd*, das es in diesem Zusammenhang verlangt. *Ḏw* nimmt Edel als Adjektiv, wobei er keinen weiteren Anstoß daran nimmt, daß das *·t* der Femininendung, das man in einem solchen Falle erwarten würde, nie vorhanden ist. Entgegen Edel's Einwand ist daher doch Gunn[36] zu folgen, der darin ein Adverb sah. Gerade die Einheitlichkeit, mit der das ⌂ fehlt, spricht gegen Edel's Auffassung und unterstützt weitgehend Gunn's Ansicht. Die Bedeutung von *ḏw* ist schwer zu fassen und umschließt einen sehr weiten Kreis, der prinzipiell alles Böse umfaßt und diametral der Idee von *nfr* entgegengesetzt ist. Ein Text der VI. Dynastie (Urk. I 204,9) fügt dem *ḏw* noch *ẖ3b* und *iw*[37]) hinzu, die beide Spezifizierungen von *ḏw* darstellen und mit „krumm", „verleumderisch" wiedergegeben werden können. *Ḏd ẖt r* „etwas sagen gegen" ist der Ausdruck für „Anzeige erstatten" und nicht, wie Edel annimmt „üble Nachrede führen". Objekt derselben ist in allen Fällen *rmṯ nb*, das als „irgendwelche Menschen" die Gesamtheit der Mitmenschen einschließt, ohne dabei irgendwelche Unterschiede zu machen. Diese Rede wird entweder *ẖr* oder *n njśwt* geführt; beide Präpositionen sind in ihrem Gebrauch so gut wie identisch, *ẖr* dabei eine mehr gewählte Form, wie dies Varille[38]) aufgezeigt hat. Der Sinn der Aussage ist daher, daß der Sprecher während seines Lebens, wie ja alle derartigen biographischen Angaben aufzufassen sind, keinerlei böswillige Anzeigen gegen irgendeinen Mitmenschen beim König erstattet hat. Da bei den meisten Personen keinerlei Kontakt mit dem König nachgewiesen werden kann, darüber hinaus es mehr als fraglich erscheint, daß jemand mit solchem Nachdruck feststellen sollte, das er dem König im persönlichen Verkehr nur Gutes über die Leute sagte, ergibt sich klar, daß die Aussage juristischen Inhalt hat. Ansonst wäre es eine unrichtige Berichterstattung an den König; anzunehmen, daß in Ägypten die Menschen nichts Böses begingen, ist eine Utopie, so daß also *ẖt nb ḏw* auf keinen Fall „irgend etwas Böses", sondern nur „irgend etwas böswillig" bedeuten kann. Damit ergibt sich aber, daß in einem berechtigten Falle Böses nicht nur angezeigt werden konnte, sondern sogar sollte. Da es, wie bereits ausgesprochen wurde, unmöglich ist anzunehmen, daß unbedingt ein persönlicher Kontakt zwischen Anzeigendem und König immer vorlag, und weiterhin, da während des Lebens eines Mannes, der eine derartige Feststellung in sein Grab setzte, sicherlich Thronwechsel vorkamen, kann keine bestimmte Person als König damit gemeint sein, sondern nur der Herrscher im allgemeinen. Damit aber schließt sich dieses Beispiel direkt an die oben erwähnten Fälle der Eidesleistung mit Anrufung des Königs an, in denen *njśwt* nicht als ein bestimmter Regent, sondern als prinzipieller Hüter der Rechtsordnung zu erkennen ist. So ist auch

---

[36]) Firth-Gunn, Teti Pyramid Cemeteries, I 109f.

[37]) Gleichfalls in James, The Mastaba of Khentika, called Ikhekhy, 41.

[38]) Kêmi 4 (1934) 119ff.

hier in *ḏd ḫt nb r rmṯ ḫr/n njśwt* der *njśwt* als Vertreter der Rechtsordnung zu verstehen, wodurch die Aussage erst Sinn bekommt. Der Verfasser einer derartigen biographischen Notiz erstattete während seines Lebens keine Aussage in boshafter Weise gegen irgendwelche Mitmenschen bei der königlichen Rechtspflege, für die der König als Repräsentant genannt wird. Die Aussage ist für uns von größter Bedeutung, zeigt sich doch, daß die Rechtssprechung im Namen des Königs geführt wurde und daß der König als *njśwt* Verkörperung derselben war. Die Betonung, die wir hier auf der unberechtigten Anzeige finden, wird gut ergänzt durch eine ähnliche Feststellung in einem privaten Rechtsdokument, wonach auf ein derartiges Vorgehen Vermögensverlust steht (Urk. I 13; ähnlich auch Urk. I 223, 12—16).

Neben dem König (*njśwt*), mitunter auch dessen Nennung vertretend, finden wir ein  (Urk. I 201,5; 123,1; 132,18) sowie  (Urk. I 217, 11)[39]). WB IV 250, 1) liest den Ausdruck *śḫm-irj·f* und übersetzt ihn mit ,,Machthaber", welcher Auffassung auch Edel folgt[40]). Er faßt den zusammengesetzten Ausdruck als ,,mächtig indem er handelt", jedoch mit Fragezeichen. Die ihm dabei vorschwebende grammatikalische Konstruktion ist mir nicht ersichtlich. Ich möchte vorziehen, den Ausdruck dahingehend zu verstehen, daß *irw·f* das Subjekt von *śḫm* ist und nicht eine Apposition. Weiter geht es kaum an, in *irj·f* ein *śḏm·f* zu sehen, wie es Edel wollte, wogegen in erster Linie das Vorkommen eines *śḫm-irw* ohne Suffix spricht; es ist vielmehr notwendig, in *irw* das Substantiv für ,,Tat" zu erkennen, das gerade mit juristischer, bzw. verwaltungstechnischer Bedeutung belegt ist[41]). Der gesamte Ausdruck ist somit als vollständiger Satz zu verstehen, wobei noch die genaue Bedeutung von *śḫm* festzustellen bleibt. Diese ist nicht, wie vom WB ungenauerweise angenommen wird, ,,persönliche Macht", insbesondere dann nicht, wenn es sich nicht um den König handelt, (bei dem es gleichfalls nicht persönliche Macht, sondern die aus seinem Amte als Herrscher resultierende Befehlsgewalt bezeichnet), sondern die einem durch einen Auftrag oder die mit einer Stellung (was letzten Endes auch ein Auftrag ist) verliehene Gewalt zur Ausführung der mit der Aufgabe verbundenen Pflichten[42]). Dies ist besonders deutlich in der negativen Fassung *n rdj śḫm* ,,keine Gewalt geben", d.h. ,,nicht erlauben", die sich gerade in juristischen Texten sehr häufig findet. Wenn es z. B. im Zusammenhang mit den Totenpriestern gebraucht wird, so kann es sicherlich nicht bedeuten, daß dieselben ,,persönliche Macht" besaßen, sondern daß sie im Rahmen ihres übertragenen Amtes eine gewisse ,,Amtsgewalt" auszuüben im Stande waren. So ist auch das Eigenschaftsverbum *śḫm* nicht so sehr ,,mächtig sein" als ,,bevollmächtigt sein"[43]). Der Ausdruck *śḫm-irw·f* ist daher als ,,bevollmächtigt ist seine Handlung" zu verstehen und bezeichnet nicht einen ,,Machthaber", sondern einen mit einem

---

[39]) Nach der verbesserten Lesung in JEA 24 (1938) 3.

[40]) Op. cit. 32.

[41]) WB I 113,9; vgl. auch ibid. 114.

[42]) Harari, Contribution à l'étude de la procédure judiciaire dans l'Ancien Empire Égyptien 24ff.

[43]) Vgl. WB IV 247.

Amtsauftrag Versehenen, nämlich einen Stellvertreter des Königs, dem vom Herrscher das *śḫm*, die dem König durch sein Herrscheramt zukommende Gewalt, welche juristisch also dem „Königsrecht" entspricht, übertragen wurde. Es ist dabei bezeichnend, daß dieses *śḫm-irw·f* gerade in Inschriften aus der Provinz vorherrscht, ja in zwei Fällen aus Elephantine[44]) nur dieses genannt wird und das *njśwt* völlig fehlt. Hier spiegelt sich deutlich die Rechtsausübung durch den Beauftragten des Königs wider.

In der ältesten uns erhaltenen Formulierung dieser Aussage aus der frühen V. Dynastie findet sich anstatt des *śḫm-irw·f* nach der Nennung des *njśwt* ein anderer Ausdruck. Sethe (Urk. I 233,14) liest denselben , doch gibt Selim Hassan[45]) dafür . Eine Überprüfung der Lesung mit Hilfe der beigegebenen Photographie[46]) erwies sich als unmöglich. Da jedoch das *ḥm* gesichert erscheint und es nur fraglich ist, ob wir es hierbei mit einer Einzel- oder Pluralschreibung zu tun haben, ist die Frage in diesem Zusammenhang von untergeordneter Bedeutung. *Ḥm* ist wohl sinngemäß als „Diener" zu verstehen, wobei das Suffix *·f* sich selbstverständlich auf den vorhergenannten *njśwt* bezieht, wir also in diesem Ausdruck eine genaue Parallele zu der von uns erschlossenen Bedeutung von *śḫm-irw·f* haben[47]).

In einem Fall beschränkt sich der biographische Bericht nicht nur auf die negative Aussage, sondern steht parallel zu einer positiven Feststellung. Der Text ist in mannigfacher Weise von großem Interesse und muß daher hier näher besprochen werden. Nach der Feststellung „Ich sprach das Rechte (*mꜣꜥt*), das Gott wünscht, alle Tage," fährt die Inschrift (Urk. I 57, 15—16) fort: *bw nfr pw wn ḏd(·i) ḫr njśwt ꜣḫ n rmṯ, n sp ḏd(·i) ḫt nb ḏw r rmṯ nb ḫr ḥm n nb* „Rechte Art[48]) war das, was ich sagte zum König, nützlich (?) für die Menschen und niemals sagte ich irgendetwas bösartig gegen irgend jemand zur Majestät des Herrn". Die enge Verbindung zu dem Vorhergehenden *ḏd mꜣꜥt* zeigt bereits deutlich an, daß auch hier von der Befolgung der Rechtsordnung die Rede ist, ja daß diese beiden parallelen Sätze das *ḏd mꜣꜥt* näher ausführen. Dabei heißt es nicht, daß er nur „Gutes" sagte, sondern der Text spricht ausdrücklich von *bw nfr*, der „rechten Art", womit gesagt ist, daß er, wie immer es auch für den Einzelnen sich darstellen mochte, sich an die rechte Ordnung hielt, wobei dieses *bw nfr* dem *ḏw* der negativen Aussage gegenübersteht. Die Konsequenz, die sich aus seiner rechtschaffenen Handlungsweise ergibt, betrachtet der Schreiber dieser Zeilen als *ꜣḫ* (?) für die Menschen, d. h. wohl nützlich, womit auch eine Bestrafung eingeschlossen sein kann, denn auch diese, wenn auch unerfreulich für den Einzelnen, ist vom Prinzip der Rechtsordnung aus gesehen, „nützlich" für die Menschen. Auffallend in der negativen Aussage ist das *ḥm n nb*, das die Stelle des in allen anderen Beispielen auf-

---

[44]) Urk. I 123,1; 132,17.

[45]) S. Hassan, Excavations at Giza I 15.

[46]) S. Hassan, op. cit. pl. 12.

[47]) Vgl. dazu S. Hassan, Excavations at Giza III, 80, fig. 69 *imꜣḫw ḫr njśwt ḫr śrw·f*, das denselben Gedanken zum Ausdruck bringt.

[48]) Zur Konstruktion siehe Gardiner, Egyptian Grammar² 474,3 und Sethe, Kommentar zu den altägyptischen Pyramidentexten III 155.

tretenden *njśwt* einnimmt. Wir werden uns mit diesem Ausdruck noch später zu beschäftigen haben[49]).

Von besonderer Ausführlichkeit ist eine den vorhergehenden Beispielen nahe verwandte Feststellung in der biographischen Inschrift des *K3gmnj*, die deutliches Licht auf die uns beschäftigende Frage wirft. Die Inschrift ist von Edel in einer stark verbesserten Bearbeitung herausgegeben worden, die der älteren von Sethe vorzuziehen ist[50]). Darin heißt es: *irj bw m3ʿ n njśwt m3ʿt mrrt nṯr ḏd bw m3ʿ n njśwt mrrt njśwt m3ʿt ..... im·ṯn ḏd n·f iś ḫt r(·i) ḏw n njśwt m grg ..... ink ḏd m3ʿ wḥm nfr m ḫt mrrt njśwt* „Handelt in rechter Art für den König — das Rechte ist, was Gott liebt — sagt der Rechtgeartete zum König — das, was der König liebt, ist das Rechte. Nicht ist einer, der etwas böswillig gegen mich zum König sprach in lügenhafter Weise ..... Ich war einer, der recht sprach und recht wiederholte (d. i. ausführte) in der Art, die der König liebt“[51]). In Verbindung mit dem „rechten“ Handeln und „rechten“ Sagen finden wir immer die Verbindung mit *njśwt*. Nun wissen wir aber auch, daß *K3gmnj* unter mindest zwei Königen Beamter war und schon daraus ergibt sich, daß das *njśwt* nicht auf einen bestimmten Herrscher, sondern auf das Königtum im allgemeinen Bezug nimmt. Dabei ist es bezeichnend, daß *m3ʿt* das abstrakt „Rechte“, das der Weltordnung entspricht, als vom *njśwt* sowie auch als von Gott „gewünscht“ beschrieben wird. Aus dieser Parallele läßt sich nur folgern, daß die Rechtsordnung, als welche *m3ʿt* deutlich zu erkennen ist, von Gott gesetzt ist, bzw. vom Vertreter des Weltenherrschers, dem in seiner königlichen Funktion göttliche Stellung zukommenden Herrscher auf dem Thron. Bezeichnend ist dabei wieder, daß dieselbe als „gewünscht“ bezeichnet wird, wie dies bereits oben besprochen[52]). Die Feststellung vom Fehlen einer Anklage ist hier in einer abgewandelten Form gegeben und bezieht sich nicht auf das Fehlen jeder ungerechten Anklage von seiten des Grabinhabers, sondern betrifft vielmehr die Möglichkeit einer gegen ihn erhobenen Beschuldigung, die gleich von Haus aus als *m grg* „lügenhaft“ bezeichnet wird. Die im Zusammenhang mit dem fehlenden Beginn der Aussage von Edel[53]) vorgeschlagenen Ergänzung *im·ṯn*, wobei er das nachfolgende *n·f* auf den König bezieht, kann ich nicht teilen. Der Sinn scheint vielmehr zu sein, daß nicht einer existierte, der eine Anklage vorbrachte (oder vorbringen konnte), wobei das *ḏd·n·f* als Relativform zu verstehen ist. Von besonderer Wichtigkeit wäre es, entscheiden zu können, ob es sich bei dem *irj bw m3ʿ* und *ḏd bw m3ʿ* wirklich um Imperative handelt, wie dies Edel annimmt und dies somit als eine Aufforderung anzusehen ist, oder aber ob es nicht eine Feststellung über den Wandel des Grabinhabers zum Ausdruck bringt, somit *·i* nach den beiden Verben zu vervollständigen wäre. Eine derartige Auffassung besitzt große Wahrscheinlichkeit, da eine Anrufung an irgendwelche Besucher des Grabes o. a. gar nicht recht in den Zusammenhang passen würde, diese vielmehr erst wesentlich später Erwähnung findet. Eine diesbezügliche Entscheidung wage ich nicht zu treffen.

---

[49]) S. u. S. 76ff.

[50]) Die Biographie des *K3j-gmjnj*, MIO 1 (1953) 210ff.

[51]) Die Richtigkeit der Übersetzung ist nicht gesichert; siehe dazu weiter unten.

[52]) S. o. S. 16.

[53]) Loc. cit. S. 226.

Für unsere Untersuchung sind zwei Momente von wesentlicher Bedeutung: Die Verbindung von „rechtem Sagen" und „rechtem Handeln" mit dem König, wobei es sich bei letzterem nicht um einen persönlich zu denkenden Monarchen handeln kann, sondern um den Verkörperer des Königtums; weiterhin, daß der Herrscher als *njśwt* in Parallele zu Gott *(nṯr)* genannt wird, wobei beide mit der Rechtsordnung *(mꜣꜥt)* in Verbindung gebracht werden, indem dieselbe als von ihnen „gewünscht" bezeichnet wird. Das heißt mit anderen Worten, daß der König als *njśwt* Hüter und Repräsentant der Rechtsordnung ist, so wie es auch Gott ist, und daß Gott, wie auch der Herrscher, diese Rechtsordnung in Form von Gesetzen zum Ausdruck bringt.

Diese Anordnungen, in denen der König seine rechtsschöpferische Natur manifestiert und wodurch er Anordnungen im Rahmen des Staates trifft, tragen als Dokumente die Bezeichnung *wḏw n njśwt* „Befehl des Königs". Diese betreffen prinzipiell administrative Anordnungen, wie dies zum Beispiel in Urk. I 21,10; 61,18; 186,3; 282,15 der Fall ist. Andere Dokumente hingegen, ebenfalls vom König verfaßt, die jedoch keine offiziellen Anordnungen beinhalten, werden als *sš* oder *ꜥ* bezeichnet, wobei wesentlich ist, daß in denselben das Wort *njśwt* nicht aufscheint. Somit herrscht in der Bezeichnung der Urkundenform eine genaue Unterscheidung nach offizieller Natur als *wḏw n njśwt* oder einem privaten Akt des Königs. Hier treffen wir den König erneut in der Bezeichnung *njśwt* als Rechtsperson.

Befehle dieser Art (*wḏw n njśwt*) sind mit voller Berechtigung als Gesetze zu betrachten und ihr Inhalt besitzt Rechtskraft, das heißt ihre Befolgung ist vom König „erwünscht", wie wir es in einem bereits besprochenen Beispiel gesehen haben[54]). Die Nichtbefolgung aber ist *mśḏḏ njśwt pw mꜣꜥwj* „das was der König haßt, wirklich" (Urk. I 284, 17). In einer Variante (Urk. I 281, 10) wird dafür *wꜣj m mdw śbjt pw* „ein Eingehen in einen Akt der Empörung ist es" gesetzt, das deutlich zeigt, daß eine vom Standpunkt des Königs als hassenswert betrachtete Handlung einem Gesetzesbruch gleichkommt, wobei der König (*njśwt*) erneut als Vertreter bzw. Verkörperung der Rechtsordnung aufscheint. Derartige Handlungen, die in keiner Weise die Person des Königs selbst betreffen, ja von denen er persönlich keinerlei Kenntnis zu haben braucht, fallen daher unter Strafe, wie dies gerade in den Königserlässen des Alten Reiches behandelt wird.

Neben der Bezeichnung *wḏw n njśwt*, das königliche Anordnungen im Rahmen der Staatsverwaltung bezeichnet, findet sich noch eine weitere Bezeichnung, die als Einleitung aller königlichen Dokumente, sowohl administrativer wie auch mehr privater Art, wie Briefe, aufscheint. Es ist dies *wḏ njśwt* „der König hat befohlen". Es hat den Anschein, daß sich dieser Ausdruck frühzeitig im Kanzleistil festsetzte und daß dabei keine weitere Unterscheidung mehr gemacht wurde, ob es sich um eine staatliche Anordnung, oder aber um eine persönliche Mitteilung des Königs handelte, sondern dieselbe unterschiedslos verwendet wurde[55]).

---

[54]) S. o. S. 16.

[55]) WB I 296,19 übersetzt ungenau „Befehl des Königs", dem auch Gunn (ASAE 27 [1927] 234) folgt. Die Erklärung der graphischen Eigenheiten der Gruppe aus den besonderen Gegebenheiten der Anbringung auf den Papyri ist wohl mit

So wie der König als Herrscher Anordnungen im Zusammenhang mit der Verwaltung des Staates trifft, die als Rechtssatzungen Gesetzeskraft besitzen, so sind auch die staatlichen Ämter mit demselben Aspekt des Königs verbunden, da gerade in diesen Regierungsgewalt, die ursprünglich auf die Person des Königs allein konzentriert war, durch die Übertragung auf andere zur Ausführung gelangte[56]). Dies kommt nicht nur in den Titeln selbst zum Ausdruck, die, soweit sie sich auf die Ausübung von Herrschaftsrechten beziehen, mit *njśwt* zusammengesetzt sind und dadurch anzeigen, daß der Träger des Amtes dasselbe als Ausführender der königlichen Rechtsordnung vollzieht, sondern wir haben darüber hinaus einen Fall, wo dies klar zum Ausdruck gebracht ist. So fordert *Ḏ‘w* die Besucher seines Grabes auf, ihm die rituellen Opfer zu vollziehen und gibt dafür als Begründung *ḏr m33·ṯn i3wt(·i) ḫr njśwt* „wenn ihr meine Ämter beim König seht". Damit kann nicht auf eine besondere Ehrenstellung des Mannes bei einem bestimmten Herrscher angespielt sein, da dies angesichts zukünftiger Generationen, und an solche richtet sich die Aufforderung, völlig sinnlos wäre, könnte sich doch die einflußreiche Position, die jener Verstorbene während seines Lebens innegehabt hat, in keinerlei Weise mehr auswirken, so daß es für die Grabbesucher einen besonderen Anreiz zur Opferspende werden könnte. Es kann daher diese Begründung nur dahingehend verstanden werden, daß die Opfer angesichts der hohen Position, die *Ḏ‘w* im Staate ausfüllte und in deren Namen er Anteil an dem Rechtsstatus, wie er durch den König verkörpert wird, hatte, ausgeführt werden sollen[57]).

Beamte, die über ihre erfolgreiche Amtstätigkeit berichten, drücken dies mit *mḥ(·i) ib n njśwt* „ich erfüllte das Herz des Herrschers" (Urk. I 190, 11; 265, 8) aus, das auch als ehrendes Beiwort *mḥw ib n njśwt* „der das Herz des Herrschers füllt" unter den Titeln eines Mannes erscheint (Urk. I 260, 8). Es ist dabei nicht unwesentlich, daß es sich gerade im letzteren Falle um einen in der Rechtssprechung tätigen Beamten handelt, somit der Ausdruck einen spezifisch juristischen Gehalt hatte, den zu fassen aber kaum gelingt. Daß daneben auch der Ausdruck *mḥ(·i) ib n ḥm* vorkommt, spricht nicht gegen den postulierten Charakter von *njśwt*, da derartige Fälle einen von dem hier erwähnten völlig verschiedenen Sinn haben, wie dies noch im einzelnen zu zeigen sein wird[58]).

Es verbleibt noch eine Anzahl Einzelfälle zu besprechen, die mithelfen, das Bild von *njśwt* als Bezeichnung des Herrschers abzurunden. So finden wir in der biographischen Inschrift des *Ptḥšpśś* über seine Jugendzeit (Urk. I 51, 13, 16), daß er ausgewählt wurde unter die Königskinder im *pr-‘3*, d. i. dem Königsgrabmal, und *n njśwt m ẖnw-‘ m ipt-njśwt* „für den König im *ẖnw-‘*

Recht abzulehnen. Eine ausführliche Diskussion des Terminus wird in meiner Bearbeitung der Königserlasse erfolgen. Für die Verwendung bei nicht offiziellen Schreiben, siehe Urk. I 60, 14; 62, 14; 179, 12. Ob der Brief Pepi II. (Urk. I 128, 4) als Staats- oder als Privatdokument zu verstehen ist, erscheint unsicher, ersteres jedoch eher wahrscheinlich.

[56]) Helck, Untersuchungen zu den Beamtentiteln des ägyptischen Alten Reiches (Ägyptologische Forschungen 18) 15ff.

[57]) Das daran anschließende *n špśś(i) ḫr ḥm n nb* „denn ich war ‚vornehm' bei der Majestät des Herrn" gibt die Begründung für die Amtsstellung.

[58]) S. u. S. 66.

und im königlichen Harîm (?)" [59]). Diese Aufnahme unter die ,,Königskinder" (*mśw-njśwt*) scheint sich nicht auf einen Pagendienst zu beziehen oder auf eine gemeinsame Erziehung mit den Kindern des Herrschers, sondern vielmehr um eine Aufnahme in einen Ehrendienst, wobei das *mśw-njśwt* nicht die leiblichen Nachkommen des Pharao bezeichnet, sondern eher das engere Gefolge des Königs [60]). Die Tätigkeit desselben findet in nächster Umgebung des Königs statt, nämlich in den drei Zentren, in denen sich das Leben des Herrschers konzentrierte: dem königlichen Grabbau (*pr-ꜥꜣ*), dem Quartier des Hofes (*ẖnw-ꜥ*), sowie dem königlichen Harîm (*ỉpt-njśwt*). Bezüglich dem letzteren ist sowohl die Lesung wie auch die Bedeutung nicht als gesichert anzusehen, wie sich dies aus der Prozeßführung unter *Wnj* [61]) gegen die angeklagte Königin ergibt, da gewisse Zweifel bestehen, ob ein derartiges Gebäude, wie der königliche Harîm, den Rahmen für eine derartige gerichtliche Untersuchung abgeben konnte [62]). Wichtig für unsere Belange ist, daß das *pr-ꜥꜣ* von *njśwt* getrennt wird, wir hier also zwei verschiedene Aspekte des Königtums vor uns haben, die eingehender zu untersuchen wären [63]).

Wnj (Urk. I 100, 9—10) berichtet über seine Amtstätigkeit, nachdem er zum *ỉmj-rꜣ ḫntj-š pr-ꜥꜣ* ernannt worden war, daß dieselbe aus *ỉrt śtp-sꜣ*, *ỉrt wꜣt njśwt*, *ỉrt ꜥḥꜥw* bestand und daß er sie zur Zufriedenheit seines Königs (*ḥm*) ausführte. Die einzelnen Termini dieser Amtsbezeichnungen sind weitgehend unklar; soweit es das uns besonders beschäftigende *ỉrt wꜣt njśwt* betrifft, so ist es als ,,den Königsweg bereiten" wörtlich zu übersetzen und bezeichnet vielleicht eine Art Heroldstätigkeit. Das *wꜣt-njśwt* scheint dabei eine offizielle Funktion des Herrschers zu bezeichnen und im Zusammenhang mit der Ausübung der Königsrechte zu liegen. Eine genaue Erfassung der Bedeutung scheint jedoch nicht möglich, und wir müssen uns darauf beschränken, darin eine Funktion des Herrschers zu vermuten, was in guter Übereinstimmung mit der rechtlichen Natur des Königs, wie wir sie in allen bisher angeführten Fällen der Bezeichnung *njśwt* gefunden haben, steht [63a]).

Ähnlich spricht auch *Rꜥ-wr* in seiner leider stark zerstörten Inschrift, wenn er (Urk. I 234, 1) sagt: *śtp(·ỉ) sꜣ r njśwt r nwt r ḥmśw ỉm* . . . . . ,,(Ich) bereitete Schutz (?) für den König, für die Hauptstadt und für die Bürger darin . . . . .". Leider wissen wir nicht den Zusammenhang und die Gründe, die *Rꜥ-wr* zu dieser Aussage bewogen haben; es sieht fast wie eine kriegerische Verwicklung irgendwelcher Art aus, wobei es dieser Mann war, der den Schutz des Königs sowie der Hauptstadt mit ihren Einwohnern versah. *Nwt* ist wohl richtig als ,,Hauptstadt", ,,Residenz" zu nehmen und greift damit bereits die spätere

---

[59]) Vgl. ZÄS 80 (1955) 80.

[60]) Es ist vielleicht nicht verfehlt, den Ausdruck *mśw-njśwt* in einem allgemeineren Sinn als ,,königliches Gefolge" zu fassen, wofür Urk. I 41, 8, 16, sowie die bekannte Stelle in Sinuhe B 264 sprechen würden.

[61]) Urk. I 100, 13.

[62]) Eine derartige Auffassung legt auch Urk. I 99, 6 nahe, nach der man in dem Ausdruck eher eine Bezeichnung des königlichen Gerichtshofes vermuten möchte.

[63]) Grundsätzlich bezeichnet *prꜥꜣ* im Alten Reich den königlichen Grabbau mit seiner Verwaltung, in dem das *pr-njśwt* als irdische Verwaltung gegenübersteht.

[63a]) Auch Urk. I 18, 11; vgl. dazu Grdseloff, ASAE 51 (1951) 131, 1.

Verwendung von *nwt* für Theben voraus, das in gleicher Weise als ,,Stadt" an sich betrachtet wird und keiner weiteren Bezeichnung bedarf[64]).

Aus verhältnismäßig später Zeit, schon stark am Ende des Alten Reiches stehend, haben wir eine Inschrift aus Elephantine, wo ein Beamter, der sich keineswegs durch irgendwelche hohe Titel auszeichnet, als einzige Beschreibung seiner Tätigkeit auf Erden sagt (Urk. I 141, 11) *inj·n(·i) ḫrt ḫȝśwt rśwt n njśwt* ,,Ich brachte Tribute der südlichen Fremdländer für den König". Diese kurze Notiz ist gerade im Hinblick auf *Ḥrḫwf*'s Reise nach Nubien von großem Interesse, von der er Geschenke für den ,,*Ka* des Königs" mitbrachte, was uns noch später beschäftigen wird[65]). Ähnlich dem hier erscheinenden Bericht ist auch der eines ,,Kapitäns" aus ungefähr der gleichen Zeit, der (Urk. I 141,17) seine Tätigkeit bezeichnet als *inj·n(·i) ḫkr-njśwt m ḫȝśwt rśwt* ,,Ich brachte Königsschmuck[66]) aus den südlichen Fremdländern". Da es sich immer um Tribute handelt, also um Abgaben von mehr oder weniger erzwungener Natur, die von den südlichen Nachbarn Ägyptens entrichtet wurden, kann es sich wohl nur um eine Art Anerkennungsgabe der Priorität der ägyptischen Macht handeln, die von den nubischen Gebieten an den König als Repräsentanten des ägyptischen Staates, jedoch nicht an die Person eines bestimmten Herrschers gerichtet wurden. Es ist dabei von nicht geringem Interesse, daß ein nach seinen Titeln so geringer Beamter sich in einer derartigen Position befindet, und man gewinnt den Eindruck, daß es sich um eine festliegende Zahlung handelt, mit deren Einholung er beauftragt war; es ist dies eine Situation, die sich weitgehend von den großen Expeditionszügen eines *Śȝbnj* oder *Ḥrḫwf* unterscheidet und eher einen Amts- bzw. Verwaltungscharakter trägt.

Wann sich diese Tributzahlungen einbürgerten und in welcher Form, läßt sich nicht entscheiden. Ein Ereignis, das jedenfalls damit in Zusammenhang stehen könnte, ist uns durch zwei Felsaufschriften aus der Umgebung des heutigen Assuan überliefert, einem Ort, der bereits südlich der anzunehmenden Reichsgrenze lag. Beide dokumentieren das Ereignis eines Besuches des Königs in diesem Gebiet, der nach der einen derselben in das Jahr der 5. Zählung fiel (Urk. I 110—11). Es handelt sich dabei keineswegs um einen persönlichen Besuch des Königs, sondern um einen Staatsakt, wie dies die den beiden Inschriften beigegebenen Illustrationen zeigen, die den König als Herrscher, eingefaßt von *wȝś*-Szeptern und von einem Nubier verehrt, darstellen. Darüber hinaus sind die Inschriften auch sonst als offizielle Monumente gekennzeichnet: so findet sich bei der einen *njśwt-bjtj Mrnrʿ*, bei der anderen sogar das ausführliche *nb-tȝwj* Horus *ʿnḫ-ḫʿw njśwt-bjtj Mrnrʿ*, das eindeutig offiziellen Charakter trägt. Nach dieser Inschrift, die durch die offiziellen Bezeichnungen des Königs gebildet wird, nennen die Texte das eigentliche Ereignis: ,,der König (*njśwt*) kam selbst und ging und erschien (bzw. stand) auf dem Rücken des Berges." Daß das *njśwt ḏś·f* nicht auf die Person des Königs zu beziehen ist, sondern auf den Herrscher als Staatsträger, ergibt sich aus dem direkt daran anschließenden *ḫʿw* (die Variante hat dafür *ʿḥʿ*), das ganz spezifisch das offizielle Erscheinen des Königs als Herrscher zum Ausdruck bringt[67]). Es war also eine staatspolitische Szene, die sich hier einst im Süden der alten Reichsgrenze

64) Vgl. Orientalia 24 (1955) 228f. 65) S. u. S. 39f.
66) Vgl. dazu Säve-Söderbergh, Ägypten und Nubien 68, Anm. 3.
67) WB III 239, 15.

abspielte, wie dies auch weiterhin durch den Text bestärkt wird, wenn uns derselbe berichtet: „siehe, die Herrscher von *Mḏ3*, *ꜣIrṯt* und *W3w3t* küßten die Erde und brachten große Lobpreisungen dar."

Dieses *njśwt ḏś·f*, das wir hier in einem offiziellen Auftreten des Königs angetroffen haben, findet sich auch sonst in zahlreichen Fällen. So ist es ein fester Bestandteil der königlichen Erlasse, in denen es im Zusammenhang mit der Sieglung der Urkunden vorkommt. Darüber hinaus haben wir ein äußerst interessantes Beispiel in der bereits früher erwähnten Inschrift des *Rꜥwr*, in der letzterer über sein Zusammentreffen mit dem König berichtet. Dabei erhielt er einen im Ritual nicht vorgesehenen Schlag durch den König, der, so hat es den Anschein, von großen Konsequenzen sein konnte. Daher sieht sich der König bemüßigt, die Irrtümlichkeit seiner Handlung aufzuklären, was er sofort nach dem Ereignis seiner Umgebung sowie dem Betroffenen gegenüber ausführt. Nicht genug damit, läßt der König darüber auch ein Schriftstück (ꜥ) ausstellen, das der Betroffene mit königlicher Erlaubnis in seinem Grabe kopierte. Dieses Dokument ist nun nicht ein Verwaltungsakt und daher auch nicht als *wḏw n njśwt* bezeichnet, sondern wird ꜥ „Urkunde" genannt, die jedoch bis zu einem gewissen Grade offiziellen Charakter trägt; es heißt nämlich in der Inschrift (Urk. I 232, 14—15), daß die Urkunde über den Zwischenfall *sš r gś njśwt ḏś·f* „geschrieben an der Seite des Königs (*njśwt*) selbst". Die Formel *r gś njśwt ḏś·f* soll wohl die Bedeutung des gegebenen Inhaltes erhöhen, bzw. zum Ausdruck bringen, daß es sich um eine offiziell gutgeheißene Tat handelte.

Dieses *r gś njśwt* tritt uns noch einmal in einer völlig anders gearteten Situation entgegen, die von besonderem Interesse ist. *Śnḏmib* hatte sich um den König besonders verdient gemacht, der ihm dafür eine besondere Auszeichnung zuteil werden ließ (Urk. I 60,4—6): *rdj ḥm·f wrḥt (·i) m ꜥnḏ mꜥr·tw iwf(·i) r gś ḥm·f in śḥḏ-pr-ꜥ3 . . . . n sp irt mjtt r gś njśwt n rmṯ nb* „Seine Majestät ließ mich salben mit Myrrhen, und meine Glieder wurden bekleidet durch den *śḥḏ-pr-ꜥ3* an der Seite (d. i. in Gegenwart) seiner Majestät . . . . Niemals geschah ein Gleiches zu seiten (d. i. in Gegenwart) des Königs (*njśwt*) zu irgend jemand"[68]. Wir treffen das *r gś* zweimal, einmal in Verbindung mit *ḥm·f*, das andere Mal mit *njśwt*. Der Unterschied springt sofort ins Auge, und die Verschiedenheit der Anwendung der beiden Bezeichnungen läßt sich deutlich auseinanderhalten. Im ersten Fall, wo *ḥm·f* verwendet wird, handelt es sich um die Person des Königs, in deren Gegenwart *Śnḏmib* diese Ehre widerfuhr, wobei jedoch festzuhalten ist, daß der König in diesem Moment nicht als Rechtsperson, d. h. als Vertreter des Königtums von der juristischen Seite gesehen wird, sondern seine menschliche Natur in den Vordergrund gestellt ist. Anders dagegen der zweite Fall mit *r gś njśwt*, der prinzipiellen Charakter trägt, da er zum Ausdruck bringt, daß ein derartiger Fall noch niemals vorgekommen ist. Hier wählt der Ägypter nicht mehr *ḥm·f*, sondern das generelle *njśwt*, das das Königtum, bzw. seinen Repräsentanten bezeichnet. Es könnte hier nun der Einwand gemacht werden, daß sich aus dieser Stelle ergäbe, daß *ḥm·f* und *njśwt* von gleicher Qualität seien, eine These, die aber

[68]) Für diese Form der Ehrung vgl. die wohl damit verwandte Schilderung von Sinuhe's Heimkehr an den ägyptischen Königshof (Sinuhe B 286f.)

zurückgewiesen werden muß. Wie noch zu zeigen sein wird, bezeichnet *ḥm* den menschlichen Aspekt des Königtums, also nicht den juristischen Charakter desselben, während sich *njśwt* auf die die Herrschergewalt ausübende Person beschränkt. Gleichzeitig aber ist der durch *njśwt* bezeichnete Herrscher ewig, d. h. er ist eine Institution, die nicht an eine Person gebunden ist, daher auch hier nicht ein **njśwt nb* „in Gegenwart irgendeines Königs" steht oder überhaupt möglich wäre. Da diese Handlung in dem vorliegenden Falle jedoch in Gegenwart des Königs in seinem menschlichen Aspekt stattfindet und nicht ein offizieller Akt ist, so wäre das *njśwt* eigentlich nicht angebracht. So würde man eigentlich ein * *r gś ḥm nb* „in Gegenwart irgendeiner Majestät" erwarten können, eine Formulierung, die aber nicht möglich ist. Da die durch *ḥm* bezeichnete physische Erscheinung des Königs auf dessen irdisches Leben beschränkt ist und mit seinem Tode erlischt, um dann völlig in seinem gottgesetzten Königtum aufzugehen, ist eine Bezeichnung von mehreren „Majestäten" nicht möglich, da ja nur eine menschliche Verkörperung des Königs zu einer bestimmten Zeit existiert, während ein verstorbener Pharao nicht mehr als *ḥm* bezeichnet werden kann, da seine menschliche Natur mit seinem Tode endete. Da es sich bei der hier vorliegenden Aussage um eine prinzipielle Feststellung handelt, die über die Existenz des lebenden Königs zeitlich hinausgreift und auf das Fehlen eines Präzedenzfalles Bezug nimmt, kann es nur zu der Formulierung *r gś njśwt* kommen, die den besonderen Fall aus der Sphäre des menschlichen Kontaktes heraushebt und in einen offiziellen Rahmen stellt, gleichzeitig aber auch die Gesamtheit aller Repräsentanten auf dem ägyptischen Königsthron einschließt.

Als letztes Beispiel soll eine Stelle aus dem Briefe von Neferkareʿ-Pepi II. an *Ḥrḫwf* besprochen werden, die recht interessante Aspekte aufrollt. Dieser berühmte Königsbrief ist in das Jahr der zweiten Zählung des jugendlichen Königs datiert. Aus dem gleichen Jahre besitzen wir auch eine Inschrift aus dem Wadi Maghâra (Urk. I 112—113), aus der hervorgeht, daß zu dieser Zeit der junge Herrscher noch nicht selbständig regierte, sondern unter der Vormundschaft seiner Mutter *Mrjrʿ-ʿnḫ-nś* stand. Dieser Umstand ist von nicht unwesentlicher Bedeutung für das Verständnis des Briefes. In demselben heißt es am Anfang (Urk. I 128, 5—6) *iw śiꜣ(·i) mdt nt mḏꜣt·k tn irt·n·k ḫr njśwt r iśt r rdt rḫ·tw* „(Ich) verstehe den Wortlaut dieses deines Briefes, den du für den König gemacht hast zum Palast, um Nachricht zu geben". *R iśt* erscheint auch sonst (Urk. I 61, 17), ohne Parallele jedoch ist die Bezeichnung des Königs durch *njśwt* in diesem Zusammenhang, und es hat beinahe den Anschein, daß der König hier von sich selbst als *njśwt* spräche, eine Ausdrucksweise, die ansonst in den Königsbriefen, von denen wir einige Kopien durch Grabinschriften erhalten haben, nicht vorkommt und auch sonst im Alten Reich nicht aufscheint. In den Einleitungsformeln der erhaltenen Briefe spricht der König sonst immer von sich als *ḥm*, bzw. in den der hier vorkommenden Zeile parallel gebauten Aussagen heißt es *mḏꜣt·k tn irt·n·k r rdt rḫ ḥm(·i) ḫt nb* „dieser Brief, den du gemacht hast um (meine) Majestät über alles zu benachrichtigen" (Urk. I 60, 17; 61, 18). Auch in dem uns hier beschäftigenden Brief wird der Zweck des zu beantwortenden Schreibens als Benachrichtigung angegeben, doch ist es nicht die Benachrichtigung des Königs (*r rdt rḫ ḥm*) wie in den anderen Beispielen, sondern es steht dafür das unpersönliche *r rdt rḫ·tw*, ohne ein direktes Objekt zu nennen. Während also die Nachrichtgebung nicht an eine bestimmte Person gebunden ist, wird gleichzeitig erklärt, daß *Ḥrḫwf* seinen Brief an den Herrscher (*njśwt*) richtete, jedoch nicht, und das ist wichtig zu beachten, um ihn dadurch zu benachrichtigen, da ja ansonsten die Formulierung *r rdt rḫ·tw* nicht stehen könnte. Diese ungewöhnliche Formulierung aber muß besondere Gründe haben, die mit annähernder Wahrscheinlichkeit rekonstruiert werden können. Es wurde bereits oben darauf aufmerksam gemacht, daß zu der Zeit, als der Brief verfaßt wurde, König Pepi II. noch unmündig war und seine Mutter für ihn die Regentschaft ausübte. Somit wird es erklärlich, warum sich der Brief, den *Ḥrḫwf* schrieb, nicht an die Person des Königs richtete, da dieser wegen seines jugendlichen Alters die Regierungsgeschäfte nicht selbst ausübte. Dazu kommt noch, daß wohl mit Recht anzunehmen ist, daß *Ḥrḫwf* im Zusammenhang mit seiner Reise in den Süden wohl für längere Zeit von Ägypten abwesend war, also nicht über die Entwicklungen am Hofe genau orientiert sein konnte, weshalb er seinem Brief eine offizielle Note gibt und ihn nicht an die Person des Königs sendet, sondern es vorzieht, ihn dem Herrscher als einen offiziellen Bericht vorzulegen. Das heißt, er sandte sein Schreiben an den Hof und zwar adressiert an den König als nominellem Herrscher Ägyptens, wenngleich die Regierung nicht von diesem ausgeübt wurde. Daher beabsichtigt der Brief des *Ḥrḫwf* auch nicht, die Person des Königs zu benachrichtigen, sondern begnügt sich damit, Nachricht an den Hof zu geben in der Annahme, daß der von ihm verfaßte Brief an die entsprechende Stelle, d. h. an den Regenten, der die Staatsgeschäfte führte, gelangte. Der Brief des Königs selbst, der uns hier nicht weiter interessiert, stützt diese Auffassung weitgehend durch die darin erkennbare Unausgewogenheit des Stils, die dieses Dokument wesentlich von anderen gleicher Art unterscheidet. Auf langen Strecken ist das Schreiben sehr unpersönlich und offiziell gehalten, doch bricht dann wieder eine persönlichere Note durch. Man gewinnt dadurch den Eindruck, daß dieses Schreiben nicht in seiner Gesamtheit vom König diktiert wurde, sondern in Teilen das Fabrikat der königlichen Kanzlei ist, insbesondere dort, wo es sich um verwaltungstechnische Angaben handelt, daß aber andererseits auch persönliche Aussagen des jugendlichen Pharao darin eingebaut sind, insbesondere dort, wo es sich um den Pygmäen handelt, an dem der König offensichtlich großes Interesse hegte. Für unsere Untersuchung ist gerade dieses Beispiel unter Beachtung der besonderen Situation von großem Interesse, zeigt es doch, daß der König als Herrscher auf dem Thron, d. h. als juristische Person, in der Natur des Trägers des Königtums mit *njśwt* bezeichnet wurde, unbeschadet des in diesem Falle waltenden Ausnahmezustandes, daß der jugendliche Herrscher nicht selbst die Thronrechte ausübte, nichtsdestoweniger aber als König galt.

Zwei Stellen aus dem Dekret Koptos r)[69]) verbleiben zu besprechen. Die Urkunde, erlassen von Horus *Dmḏ-ib-tꜣwj*, datiert aller Wahrscheinlichkeit nach in die IX. Dynastie und fällt somit außerhalb des eigentlichen Alten Reiches. Die enge zeitliche wie weltanschauliche Verbindung zur vorangehenden Periode rechtfertigt vollauf die Einbeziehung in unsere Untersuchung.

---

[69]) Die Bezeichnung der Texte folgt der von Hayes (JEA 32 [1946] 4ff.) aufgestellten Ordnung.

Die erste der beiden Stellen bestimmt, daß es für eine straffällig gewordene Person unmöglich ist, eines rituellen Begräbnisses teilhaftig zu werden (Urk. I 305, 18—306, 1): *wp-r wnn·śn śnḥj nṯṯj m ḫrjw-mdw njw njśwt Wśir njw nṯr·śn nwtj* „sondern sie sollen gebunden und gefesselt sein als dem Richterspruch des Königs, des Osiris oder ihres Stadt(Heimat-)gottes Unterworfene". Die überaus interessanten juristischen Momente, die die Bestimmung enthält, können hier übergangen werden. Wesentlich ist, daß wir darin den König in seiner Form als *njśwt*, als Rechtsschützer finden, in dessen Namen die Anklage gegen die Übeltäter geführt wird, wie wir dies bereits in der Biographie des *Wnj* gefunden haben[70]. Die parallele Nennung von Osiris und dem jeweiligen Stadtgott als Vertreter der göttlichen Rechtsordnung ist ein individueller Zug der Inschrift und entspricht der Position von Reʿ im klassischen Alten Reich. Die geistesgeschichtlichen Konsequenzen, die sich daraus ergeben, müssen hier unberücksichtigt bleiben. Für uns bringt die Stelle in diesem Zusammenhang eine weitere, überaus klare Bestätigung dafür, daß *njśwt* nicht auf die physische Person des Königs Bezug nimmt, sondern auf seinen Charakter als Rechtsperson, wie sie in der Institution des Königtums verankert liegt.

In der zweiten Stelle dieser Urkunde (Urk. I 306, 4—5) finden wir den König unter der Bezeichnung *njśwt* neben dem Vezier und den *śrw* genannt. Die beiden letzteren sind aufs Innigste mit der Exekution der Rechtssprechung verbunden. Es kann kein Zweifel bestehen, daß *njśwt* nicht auf einen individuellen König Bezug nimmt, sondern auch hier den Herrscher als Repräsentanten der Rechtsordnung bezeichnet.

Wenn wir die im Vorhergehenden einzeln angeführten und untersuchten Beispiele der Verwendung des Ausdrucks *njśwt*, wie sie sich in den Inschriften des Alten Reiches und da vornehmlich in solchen von Privatpersonen finden, zusammenfassen, so ergibt sich ein überraschend einheitliches Bild, durch das wir eine für ein derartiges Problem eher unerwartete Spezifizierung des Begriffes *njśwt* vornehmen können. Zwei Momente fallen dabei besonders ins Auge: Der König, so weit er von sich spricht, nennt sich in keinem der Fälle *njśwt*; weiterhin wird diese Bezeichnung niemals dann gebraucht, wenn von der Person des Königs die Rede ist, sei es im persönlichen Kontakt mit dem Pharao oder aber, daß Handlungen beschrieben werden, die der König tat oder veranlaßte, es sei denn, es handle sich um Herrschaftsakte. Auf der anderen Seite finden wir diese Bezeichnung prinzipiell in allen jenen Titeln, die Ämter im Zusammenhang mit dem Königtum bezeichnen und in deren Aufgabenkreis die Ausübung von Hoheitsrechten fällt. Da es sich bei diesen Ämtern, wenngleich die Ernennung zu ihnen durch ein persönliches Dienstverhältnis zwischen Herrscher und Beamten bestimmt sein mag, nicht um die Ausübung persönlicher Rechte des Königs handelt, sondern in ihnen das Königtum Organe besitzt, die vielgestaltigen Aufgaben, wie sie sich aus der Verwaltung eines Staates ergeben, durchzuführen[71], kann es sich dabei niemals um eine Bezeichnung der physischen Person des Königs handeln, da derselbe nicht in seiner Person irgendwelche Herrscherrechte besitzt, sondern

[70]) Urk. I 99, 6.

[71]) Helck, Untersuchungen zu den Beamtentiteln des ägyptischen Alten Reiches 15ff.

dieselben nur durch das ihm zuteil gewordene Amt eines *njświt* auszuführen in der Lage ist. Weiterhin ist es wesentlich, daß solche mit *njświt* zusammengesetzte Titel in erster Linie Hoheitsrechte zur Durchführung bringen, wenngleich daneben auch Fälle bestehen, wo dies nicht der Fall zu sein scheint. Es sind dies insbesondere die Titel *wꜥb-njświt* sowie *špśś-njświt*, die, so hat es den Anschein, keine direkten Amtsfunktionen im Rahmen der Verwaltung bezeichnen. Die erste derselben ist eine Art Priesteramt und steht als solches mit dem Königtum in Verbindung. Dabei aber handelt es sich nicht um eine Verbindung mit der Person des Königs, sondern mit dem Amte desselben[72]). Das ist deutlich ersichtlich aus der Tatsache, daß der Titel entweder nur als *wꜥb-njświt* auftritt, oder aber eine Verbindung mit dem Totenkult des Herrschers eingeht, was in den Titeln durch die Verbindung *wꜥb* + Pyramide des Königs zum Ausdruck gebracht ist. Nur ein Fall ist mir bekannt, wo sich jemand *wꜥb* eines bestimmten Königs nennt, nämlich der *wꜥb-Śꜣḥwrꜥ*[73]), doch hat es den Anschein, als wenn diese ungewöhnliche Form aus einer Verkürzung der Inschrift, hervorgerufen durch zwingenden Platzmangel auf dem Architrav, entstanden wäre, wobei der Name des Königs den seiner Pyramide vertritt. Junker[74]) hat darauf hingewiesen, daß dieser Titel sowohl in Verbindung mit dem verstorbenen wie auch dem lebenden Herrscher gebraucht werden kann, ein Umstand, der für die andere Form des königlichen Priestertums, dem *ḥm-nṯr*, nicht zutrifft, da dasselbe ausnahmslos auf den Dienst für den verstorbenen Pharao beschränkt war. Ohne hier weiter auf diese Frage eingehen zu wollen, deren Untersuchung weit über den hier gestellten Rahmen hinausführen würde, bleibt zu beachten, daß ein wesentlicher Unterschied zwischen *ḥm-nṯr* und *wꜥb-njświt* besteht, welcher nur dahingehend zu fassen ist, daß der *ḥm-nṯr* mit dem Priesterdienst für den vergotteten, jedoch immer verstorbenen Herrscher befaßt ist, während sich beim *wꜥb-njświt* keine direkte Verbindung zu einem bestimmten König herstellen läßt und die Grundlage dieses Priesteramtes wohl in den Funktionen des Königtums zu suchen bleibt.

Die Funktionen, in denen wir den durch *njświt* bezeichneten Herrscher genannt finden, beschränken sich auf die reinen Regierungsgeschäfte, oder mit anderen Worten auf die Ausübung der Königsrechte. So finden wir ihn in dieser Form bei Staatsanlässen genannt, wie der Entgegennahme der Huldigung der nubischen Landesfürsten in der VI. Dynastie, aber auch als Empfänger von Tributen, die ebenfalls nicht an die physische Person des Königs, sondern immer an den Herrscher des ägyptischen Staates gerichtet werden. In gleicher Weise aber finden wir ihn auch bei der Verleihung von hohen Würden genannt, wobei es den Anschein hat, daß die Art der zu verleihenden Ränge dabei von Bedeutung ist. Das häufigste und gleichzeitig wichtigste Vorkommen der Bezeichnung *njświt* findet sich in Verbindung mit der Verwaltung des Staates und in der Rechtssprechung. Anordnungen des Königs, die den Anspruch auf Rechtscharakter tragen, werden als vom Herrscher (*njświt*) erlassen bezeichnet, das Dokument selbst, das derartige, Gesetzen zu ver-

---

72) Das ergibt sich schon aus der gleichmäßigen Anwendung auf den lebenden und verstorbenen König; vgl. Junker, Giza VI 13.

73) Firth-Gunn, Teti Pyramid Cemeteries I 157.

74) Giza VI 13.

gleichende Befehle enthält, als *wḏw n njśwt*, womit zum Ausdruck gebracht ist, daß dieselben vom König in seiner Natur als Herrscher des Landes angeordnet wurden.

Parallel zu seiner Funktion im Rahmen der Verwaltung steht der König als *njśwt* in der Rechtssprechung. Beide Konzepte, nämlich das der Verwaltung wie das der Rechtssprechung, sind auf das innigste verwandt, indem die Rechtssprechung die Einhaltung der das Staatskonzept abgebenden Rechtsnormen zur Aufgabe hat, während die Verwaltung die Umsetzung eben jener Normen in die praktischen Erfordernisse, wie sie die Leitung des Staates mit sich bringt, ausführt. Beide basieren auf derselben Grundlage, nämlich dem Recht, das in dem einen Fall mehr die ethische Norm, in dem anderen das leitende Grundkonzept darstellt. Es ist daher nur natürlich, nachdem wir den König in seiner Bezeichnung *njśwt* als Zentrum der Staatsverwaltung erkannt haben, daß derselbe auch die gleiche Position im Rechtsleben einnimmt. So finden wir den König als höchsten Richter und Wahrer der Rechtsordnung, die er in seiner Funktion als König (*njśwt*) repräsentiert und auch garantiert. So werden Anzeigen wegen irgendwelcher rechtsbrecherischer Taten von Menschen als *ḏd ḫr/n njśwt* „Sagen zum König" bezeichnet, wobei es aber keineswegs um einen persönlichen Vortrag beim Monarchen geht, sondern um die Bekanntmachung von Übertretungen der Rechtsordnung beim Herrscher als Verkörperung dieser Rechtsordnung. Für den König (*njśwt*) kann auch ein Beauftragter (*śḫm-irw·f*) genannt werden, der die königliche Funktion als Hüter des Rechtes kraft seines Auftrages (*śḫm*) zur Ausführung bringt, wodurch bereits deutlich gezeigt wird, daß es sich um keinen persönlichen Vortrag beim Herrscher handelt, sondern um das Anzeigen bei Gericht. Darüber hinaus ist gerade die Nennung des Königs in Verbindung mit dem Recht auch in anderen Aussagen bestätigt und immer wird dabei vom Herrscher als *njśwt* gesprochen. So heißt die Formel bei der Eidesleistung *ʿnḫ njśwt* „so wahr der Herrscher lebt", wobei es sich selbstverständlich nicht um die irdische Existenz eines bestimmten Monarchen handeln kann, sondern um den Herrscher als Verkörperung und Schützer der Rechtsordnung, unter dessen Gewalt der geleistete Eid gestellt wird. Dadurch wird derselbe als Teil der Rechtsordnung ausgegeben und gleichzeitig der Herrscher um den Schutz bzw. die Einhaltung der im Eide enthaltenen Bestimmungen angerufen. Wenn darüber hinaus der Herrscher (*njśwt*) als der bezeichnet wird, „der die *mꜣʿt* wünscht", so schließt sich dadurch der Kreis der Funktionen, die der König in seiner Funktion als *njśwt* ausübt, indem er auf diese Weise als der Hüter des Rechtes beschrieben wird, dessen Ausübung von ihm „gewünscht" wird[75]).

[75]) Daß der Ägypter an dieser Stelle „wünschen" und nicht „befehlen" sagt, zeigt eine tiefe Einsicht in die Natur des Menschen, daß das Rechte letzten Endes nicht „befohlen" werden kann, denn im Befehl liegt bereits die Unbedingtheit der Ausführung, die auf das Recht angewandt, jegliche Untat ausschließen würde. Da aber der menschliche Wille immer bereit ist, die gesetzte Rechtsnorm zu überschreiten und die Einhaltung derselben nicht vom Willen des Königs, sondern von dem des Rechtsobjekts abhängig ist, kann die Befolgung der Rechtsordnung vom Herrscher nur „gewünscht" werden, andernfalls der aus freiem Ermessen handelnde Mensch die sich aus seiner rechtlosen Tat ergebenden Konsequenzen zu tragen hat.

Zusammenfassend kann gesagt werden, daß mit *njśwt* nicht die physische Person des Königs bezeichnet wird, sondern die dem Herrscher durch sein Königsamt übertragene staatsrechtliche Funktion. Dabei finden wir diese Bezeichnung immer an jenen Stellen genannt, wo es sich um eine Ausübung von Herrschaftsrechten handelt, niemals aber bei persönlichen Anordnungen des Königs. Diese Herrschaftsrechte erstrecken sich insbesondere auf zwei Gebiete, das der Verwaltung des ägyptischen Staates und das der Rechtssprechung, wo wir den Herrscher sowohl als Wahrer wie als Repräsentanten der gottgesetzten Rechtsordnung (*mꜣꜥt*) finden. In dieser Funktion ist er nicht individueller Mensch, sondern Vertreter der göttlichen Ordnung, die er seinen Untergebenen gegenüber verkörpert, während es gleichmäßig in dieser Position liegt, das irdische Ägypten als dessen rechtmäßiger, d. h. gottgemäßer Herrscher den göttlichen Mächten gegenüber zu vertreten. So liegt in dieser Position ein Schnittpunkt zwischen den beiden Welten, dem Diesseits und dem Jenseits, die sich in seiner Stellung als Herrscher (*njśwt*) zu einer Einheit verbinden. Als Inhaber des gottgesetzten Königsamtes, das eine Wiederholung, bzw. eine Verkörperung des Weltregenten und Weltrichters ist, ragt er über das Irdische hinaus und doch ist er nicht Gott, so lange er durch einen Körper an diese Welt gebunden ist. Somit ist das Amt des Königs (*njśwt*) der grundlegend göttliche Aspekt im ägyptischen Königtum und stellt eine Wiederholung des Weltregententums Gottes dar, doch ist es, zumindest im Alten Reich, nicht in sich selbst göttlich oder göttlich machend, da der Ägypter genau die damit verbundene Bindung in das Materielle erkannte. Nur das Amt des Herrschers ist göttlich, indem es gottgewollt ist, nicht aber die Person seines Trägers, der bis zu seinem Tode immer Mensch bleibt, um erst dann völlig in die Idee des Königtums aufzugehen und dadurch Gott, bzw. göttlich zu werden. Die irdische Person des Königs aber, soweit sie die gottgesetzten Herrscherrechte ausübt und damit die Weltregentschaft Gottes zum Ausdruck bringt, tritt in solchen Momenten hinter der göttlichen Natur des Amtes als Herrscher zurück, das als solches vom Ägypter mit *njśwt* bezeichnet wird. Mit anderen Worten ausgedrückt, *njśwt* bezeichnet die Herrschernatur des Königs, die an sich göttlich ist, nicht aber die physische Person des Königs.

kꜣ

Bei der Besprechung der Fälle, wo der *Ka* des Königs genannt wird bzw. vom *Ka* in Verbindung mit dem König gesprochen wird, sollen erneut nur jene Beispiele herangezogen werden, die sich in Texten der irdischen Sphäre finden, also Inschriften von Privatleuten, bzw. in königlichen Dokumenten, soweit sie mit den praktischen Aufgaben des Staates und der Verwaltung in Verbindung stehen. Die gesamte religiöse Literatur ist erneut weggelassen, was gerade bei diesem Begriff von besonderer Wichtigkeit ist, da sich die Vorstellungen, die sich auf den verstorbenen König beziehen, hier wesentlich von denen beim lebenden Regenten unterscheiden. Die Belege von *kꜣ* in Verbindung mit dem König sind nicht sehr zahlreich, lassen aber eine verhältnismäßig genaue Erfassung des Begriffswertes zu.

Njꜥnḫśḫmt wendet sich mit seiner Bitte um eine Grabausstattung (Urk. I 38, 7—8) direkt an den König (*ḏd ḫr ḥm·f*). Die Form, in der er den Herrscher anspricht, ist sehr aufschlußreich: *ḥw wḏw k3·k pw mrj Rꜥ* „Möge dieser dein *Ka* befehlen, Geliebter (Gewünschter) des Reꜥ". Zwei Momente sind in dieser feierlichen Anrede von besonderem Interesse: die Bezeichnung *mrj-Rꜥ* für den König, sowie die Verwendung des Demonstrativs *pw* nach *k3·k*. *Mrj*, wie wir bereits oben in Verbindung mit der *m3ꜥt* gesehen haben, bezeichnet nicht nur einen Affekt, sondern hat darüber hinaus einen wesentlich bestimmteren Anwendungskreis, indem es den Wunsch im Rahmen einer gesetzten Ordnung zum Ausdruck bringt. Damit ist der *Mrj-Rꜥ* nicht nur als „der Geliebte des Reꜥ" zu verstehen, sondern auch als der „Gewünschte des Reꜥ", d. h. der von ihm Eingesetzte und somit der göttlichen Ordnung Genehme[76]). Wenn somit der König als „Gewünschter des Reꜥ" bezeichnet wird, so heißt das, daß Reꜥ, der in der Zeit der Abfassung dieser Inschrift ‚Staatsgott' war, die Einsetzung des Königs gewünscht, bzw. in seinem Weltenplan dekretiert hatte. Damit aber gibt sich der König als „von Gottes Gnaden", indem er als solcher die göttlichen Herrschaftsrechte in Ägypten ausübt. Während also das einleitende *ḏd ḫr ḥm·f* sich an die irdische Person des Königs richtet, so wird dann in der eigentlichen Adresse der Herrschaftsaspekt desselben angerufen, denn nur in seiner Funktion als gottgewollter und gottgesetzter König ist der letztere in der Lage, den Wunsch des Bittstellers zu erfüllen. Somit ist es nicht von der menschlichen Natur des Königs, von der *Njꜥnḫśḫmt* die Erfüllung seines Begehrens erwartet, sondern der göttliche Charakter des Königs als Herrscher ist es, der die Bitte gewähren möge. Dies wird erneut in dem *k3·k pw* ausgesprochen, indem die dem König als Herrscher immanente göttliche Kraft damit direkt genannt wird. Daß hier nicht *ḥm* verwendet wird, ist sehr bezeichnend, obwohl wir ansonst gerade die Verbindung *wḏ ḥm* häufig treffen. Andererseits aber könnte man auch nach den obigen Ausführungen ein *wḏ njśwt* erwarten. Dies erscheint nicht möglich, denn *njśwt*, wie oben aufgezeigt wurde, bezeichnet die Herrscherkapazität, die also latent ist und hier nicht passen würde, da sich ja der Bittsteller direkt an die im *ḥm* immanente Natur des Herrschertums wendet. Ein *njśwt·k* ist eine Unmöglichkeit, da ja der *ḥm* nur Träger des *njśwt*-Amtes ist, dasselbe sich also nicht in seinem Besitz befindet. In seinem Besitze aber befindet sich die göttliche Kraft, nämlich der *Ka*, der ihm durch das Amt übertragen worden war und durch den die Herrscherfunktionen des Königs (*njśwt*) realisiert werden. Es ist somit die im König auf Grund seines „Gottesgnadentums" als von Gott gewünschter und eingesetzter Herrscher wirksame göttliche Kraft des *Ka*, die die Anordnung zur Erfüllung des Wunsches geben soll. Daß dabei das *k3·k* noch mit dem stark demonstrativen *pw* versehen wird, ist ein nachhaltiger Hinweis auf den göttlichen Charakter dieser Kraft. Wenn es anschließend heißt, daß „seine Majestät (*ḥm·f*) ihm zwei Scheintüren aus Turah bringen ließ", so handelt es sich dabei nur um die Anordnungen, die zur materiellen Verwirklichung der Gabe dienen, die Übergabe selbst wird nicht genannt und würde, so ist wohl richtig zu erschließen, nicht mit *ḥm*, sondern mit *njśwt* zu verbinden sein.

Ein weiteres Beispiel findet sich in einem Briefe des *ꜣIssj* (Urk. I 62, 6). Der Text ist leider arg zerstört und der uns hier beschäftigende Satz ermangelt

---

[76]) Vgl. dazu auch den späteren Thronnamen von Pepi I. *Mrj-rꜥ*, sowie dessen Horus- und *Nbtj*-Namen *Mrj-ḫt*.

jeglichen Zusammenhanges, wodurch das Verständnis sehr behindert ist. Die Aussage lautet: *n rdj ṯw kꜣ n ꜣIssj n ẖt nb m . . . k* „nicht gab dich (oder wird dich geben) der *Ka* des *ꜣIssi* für irgendeine Sache in deinem (?) . . . . .“. Das Ende der Zeile ist unsicher und es könnte auch *nb* statt *·k* stehen. Die Bedeutung ist äußerst unklar, insbesondere was das „geben“ betrifft. Die Möglichkeit besteht jedenfalls, daß es sich dabei um eine Zusicherung des Königs handelt, den Adressaten des Briefes in keiner anderen Arbeit als der gegenwärtigen zu beschäftigen, bzw. ihn davon nicht abzuberufen. Doch ist eine derartige Deutung äußerst unsicher, wodurch wir auch nicht in der Lage sind, die dem *kꜣ n ꜣIssj* innewohnende genaue Bedeutung näher zu fassen.

Wnj beschließt seine lange biographische Inschrift mit einer Verherrlichung der Macht des Königs, in die er auch die Erwähnung seiner eigenen geehrten Stellung mit Geschick einbaut. Als Begründung dafür nennt er (Urk. I 109, 11): *n wnn(·i) ḫpr ḫt nb ḫft ḥw wḏw kꜣ·f* „denn ich war es, der alles geschehen ließ gemäß dem Ausspruch, den sein (nämlich des Königs *Mrnrꜥ*) *Ka* befahl“. Die Feststellung in ihrem festlichen Ton schließt sich eng an die obenerwähnte Anrufung des Herrschers durch *Njꜥnḫšḫmt* an. Wie dort, so wird auch hier der *Ka* des Königs als dessen schöpferische Kraft beschrieben, die die bindenden Aufträge erteilt. Neben dem durch das Götterzeichen determinierten *Ka* wird auch *Ḥw*, der schöpferische Ausspruch, wohl hier mehr im Sinne eines Auftrages, mit dem Götterzeichen versehen. Damit werden die beiden Pole, in denen sich die göttliche Natur des Königtums kristallisiert, herausgestrichen, nämlich der Auftrag, der vom Herrscher kommend in sich bereits die Potenzen zur Realisation enthält und ferner die Kraft, nämlich der *Ka*, die einen derartigen formschöpferischen Auftrag zu geben in der Lage ist. Beide sind als göttlich betrachtet, da sie ja schöpferische Momente beinhalten, die an und für sich nicht dem Menschen gegeben sind, sondern nur dem König durch sein gottgesetztes Amt.

Als letztes Beispiel ist eine Stelle aus dem bereits früher erwähnten Brief von *Nfrkꜣrꜥ-Pepi* II. an *Ḥrḫwf* zu nennen, in der es heißt (Urk. I 128. 11—13): *inn·k inw nb ꜥꜣ nfr rdj·n Ḥtḥr nbt ꜣImꜣꜣw n kꜣ n njśwt-bjtj Nfrkꜣrꜥ ꜥnḫ ḏt r nḥḥ* „Du bringst alle großen und rechten Gaben, die die Hathor, die Herrin von *ꜣImꜣꜣw*, gegeben hat für den *Ka* des Königs *Nfrkꜣrꜥ*, er lebe immer und ewiglich“. Hier ist die Rede von Ehrengeschenken, die die Göttin von Nubien an den König von Ägypten schickte. Dabei ist im Auge zu behalten, daß diese Gaben als göttlichen Ursprungs beschrieben werden, ein Umstand, der bei der vorliegenden Formulierung von ausschlaggebender Bedeutung war. Nach unseren obigen Ausführungen erscheint es selbstverständlich, daß diese Geschenke nicht an die physische Person des Königs adressiert waren, sondern an den Herrscher als Rechtsperson, wie wir das bereits in einer Anzahl von anderen Beispielen gesehen haben[77]). Hier ist es nicht nur der König in seiner Natur als Herrscher, der genannt ist, sondern darüber hinaus erfolgt noch die zusätzliche Spezifizierung durch das *kꜣ n*. Damit soll zum Ausdruck gebracht werden, daß die Geschenke der Göttin nicht an den Herrscher in seinem gottgesetzten Amte gerichtet sind, sondern genau an die ihm kraft seines Amtes waltende göttliche Potenz, nämlich seinen *Ka*. Diese besondere Spezifizierung wird sofort verständlich, wenn wir die Herkunft der Gaben mit in die Betrachtung

---

[77]) S. o. S. 30.

ziehen, daß sie nämlich von einer „Gottheit“ stammen. Dadurch ergibt sich zwangsläufig, daß sie nur an eine Gottheit gehen können, und da der Herrscher als *njśwt-bjtj* nicht selbst göttlich ist, richten sich diese Geschenke an die ihm innewohnende göttliche Kraft, in deren Besitz er als gekrönter und rechtsmäßiger Herrscher ist.

Die Fälle, in denen in den nichtreligiösen Texten des Alten Reiches vom *Ka* des Königs gesprochen wird, sind nicht besonders zahlreich. Nach der vorausgegangenen Untersuchung der Bezeichnung *njśwt* sind wir in der Lage, diesen Terminus fassen zu können. Es kann dabei mit Recht gesagt werden, daß der *Ka* des Königs mit der durch *njśwt* bezeichneten Natur desselben auf das Innigste verwandt ist, ohne mit ihr völlig identisch zu sein. Das zeigt sich schon durch das zuletzt angeführte Beispiel, in dem *kꜣ* und *njśwt-bjtj* in einem Genitivverhältnis stehen, das eine absolute Identität ausschließt.

Ein besonderes Merkmal von *kꜣ* ist es, daß in allen Belegen das Götterzeichen danach als Determinativ folgt, daß es sich also um eine göttliche Potenz handelt, die der gewöhnlich Sterbliche während seines irdischen Daseins nicht in Besitz hat und zu der er erst mit seinem Tode eingeht[78]). Darüber hinaus erweist sich der *Ka* des Königs als gerade jene dem König immanente Kraft, die ihn in die Lage versetzt, rechtsgültige Anordnungen zu treffen. Mit anderen Worten ist es die göttliche Potenz, die ihm durch sein gottgewolltes Amt übertragen ist, also jene Kraft, die das Göttliche an seinem Herrschertum darstellt, damit also das eigentlich bewegende Moment in dem ansonsten statischen Konzept des Herrschertums, wie es *njśwt* darstellt.

nṯr

Die göttliche Natur, die dem König als Herrscher in der Form des *Ka* innewohnt, führt uns zu der Frage des Gottestums, bzw. der Göttlichkeit des Königs im allgemeinen. Dieses Problem, soweit es überhaupt mit besonderem Augenmerk auf das Alte Reich untersucht wurde, wird allgemein dahingehend aufgefaßt, daß der König für den Ägypter prinzipiell ein Gott war[79]). Diese Ansicht, die sich vornehmlich auf die Pyramidentexte stützt, läßt die Frage einer Gott-Bezeichnung des Königs in privaten bzw. diesseitsbezogenen Texten völlig beiseite und beschränkt sich ausschließlich auf die religiösen Inschriften. In diesen aber walten ganz bestimmte, von den irdischen Verhältnissen grundlegend verschiedene Ansichten, die ihren Ursprung in der Tatsache haben, daß die Pyramidentexte für den toten und nicht für den lebenden König geschrieben waren. Um aber die Frage nach der Göttlichkeit des Pharao in seiner Beziehung zu seiner Umwelt zu stellen, müssen gerade die religiösen Texte ausgeschlossen werden und die Suche nach einer Antwort auf die Frage hat sich auf diejenigen Dokumente zu beschränken, die irdische Angelegenheiten zum Inhalt haben.

Wenn wir in dieser Hinsicht die Texte des Alten Reiches nach einer Bezeichnung des Königs als Gott (*nṯr*) durchsuchen, so ist es auffallend, wie gering die Ausbeute an derartigen Hinweisen ist, wobei die beiden Bezeich-

---

[78]) Vgl. dazu die Ausdrücke für „sterben“, wie *sbj n kꜣ·f*, *ḥp n kꜣ·f*, WB V 87, 7.

[79]) S. o. S. 4, Anm. 3.

nungen  und  nicht in diesen Zusammenhang gehören, sondern wie die eigentliche Königstitulatur nicht zu den Ausdrucksformen im irdischen Verkehr zu zählen sind.

Ein einziges Beispiel ist mir bekannt, wo *nṯr* als Bezeichnung des Königs Verwendung findet. Es ist dies in der sehr stark zerstörten Inschrift des *ꜣIsj*, des Fürsten von Edfu, die Edel mit sehr weitgehenden Ergänzungen herausgegeben hat (ZÄS 79 [1954] 13). In Zeile 6—7 liest Edel den nur fragmentarisch erhaltenen Text *iw (irj)·n(·i) (mrrt nb) nṯr pn* „Ich tat alles, was jener Gott wünschte", was grundsätzlich annehmbar erscheint. Voraus geht diesem Satz die Erwähnung einer Amtsverleihung mit dem zeitlichen Vermerk *m rk Ttj* „in der Zeit des Teti". Da *rk* immer eine in sich abgeschlossene Zeitperiode bezeichnet, nicht aber eine noch im Fluß befindliche, wie es die Regierung eines lebenden Herrschers darstellen würde, müssen wir aus dieser Angabe schließen, daß *Ttj* zur Zeit der Abfassung der Inschrift bereits verstorben war. Daraus ergibt sich aber, daß *nṯr pn* nicht auf einen lebenden Herrscher verweist, sondern auf den verstorbenen Pharao, somit also nicht als eine Bezeichnung des regierenden Monarchen angesehen werden kann. Das von Edel in der gleichen Inschrift in Zeile 8 ergänzte *ḫr ḥm n nṯr pn ꜥnḫ ḏt* erscheint zweifelhaft. Ein *ḥm n nṯr* ist mir unbekannt, wie auch das von Edel angenommene *ꜥnḫ ḏt* unwahrscheinlich ist, da aus dem vorangehenden *rk* sich folgerichtig ergeben muß, daß der Herrscher zu dieser Zeit bereits verstorben war und als solcher nicht mit dem Epithet *ꜥnḫ ḏt* aufscheint.

Diesem vereinzelten Fall, wo *nṯr* als Bezeichnung eines Königs verwendet wird, dabei aber einen verstorbenen Herrscher bezeichnet, gesellt sich eine Anzahl weiterer recht unsicherer Fälle. Sie zeichnen sich dadurch aus, daß in ihnen der Terminus in der Form  oder  geschrieben wird, weiter durch die Beifügung des Possesivsuffixes, die sich nicht mit der Omnipotenz „Gottes" vereinen läßt. In Anbetracht der Schreibung, insbesondere in der Form  erscheint eine Lesung *nṯr* für das Wort nicht möglich. In dem Ausdruck ist vielmehr ein Derivat von *nṯr* zu sehen, das wohl richtig als *nṯrj* „der Göttliche"[80]) zu erklären ist. Solche Fälle finden sich in erster Linie auf Siegelzylindern in der Phrase *irr ḥsst nṯrj·f* „der tut, was sein Göttlicher lobt" oder dem ähnlichen *mrj* 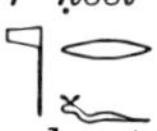 *irr wḏwt nb·f mrr*  (BM 51083) „der Geliebte seines Göttlichen, der tut, was sein Herr befiehlt, der seinen Göttlichen liebt." Es scheint sehr verlockend, darin eine Bezeichnung des Königs zu sehen, besonders im Hinblick auf das damit verbundene Suffix, doch könnte die Bezeichnung ebensogut auch auf einen Gott angewandt sein, da gerade in der Zeit, in der diese Formulierungen auftauchen, der Ausdruck *nṯr·f niwtj* in den Inschriften erscheint. Eine Bestärkung erhält der hier ausgesprochene Zweifel an der Bezugnahme des Ausdrucks *nṯr·f* auf den König durch eine Stelle in der Inschrift des Ptahshepses, in der es heißt

[80]) Nach WB II 364 ist der Ausdruck seit dem Mittleren Reich in ausgeschriebener Form belegt.

(Urk. I 83, 2—3)[81] *imꜣḫ n Ptḥ irr mrrt nṯrj·f ḫr njśwt* „geehrt bei Ptah, der tat, was sein Göttlicher wünscht für den König", wobei es wohl außer Frage steht, daß sich das *nṯrj·f* auf den vorhergenannten Gott Ptah bezieht[82]. Es ist dabei beachtenswert, daß der Gott Ptah nicht als „Gott" (*nṯr*) sondern als „Göttlicher" bezeichnet wird, womit sich eine hierarchische Abstufung abzeichnet.

Obwohl im letzten Beispiel *nṯrj* zweifelsohne nicht auf den König Bezug nimmt, so ist es doch sehr wahrscheinlich, daß dieser Ausdruck in anderen Fällen, insbesondere auf den Siegelzylindern, mit dem König in Verbindung zu bringen ist. Nachdrücklich sei jedoch festgehalten, daß dadurch der König keineswegs als „Gott" bezeichnet wird, sondern als „Göttlicher". Ferner muß die zeitliche Verteilung der Belege für diesen Ausdruck besonders berücksichtigt werden. Das früheste mir bekannte Beispiel fällt in die Regierung des *ʾIssj*, während die große Mehrzahl aus der VI. Dynastie stammt und aller Wahrscheinlichkeit eine Wandlung im ägyptischen Königskonzept widerspiegelt, wie noch zu zeigen sein wird[83].

Zwei Beispiele seien hier noch angeführt, die sehr deutlich gegen die Gottesnatur des Königs sprechen. Das eine derselben ist in einem Briefe des Königs *ʾIssj* enthalten und lautet (Urk. I 63, 5): *irj·n ṯw ḥm nṯr r iśt-ib nt ʾIssj* „Gott aber hat dich nach dem Wunsche des *ʾIssj* gemacht". Daraus geht deutlich eine klare Scheidung zwischen Gott (*nṯr*) und dem König hervor.

Das zweite Beispiel stammt aus der schon mehrfach erwähnten Inschrift des Arztes *Njʿnḫśḫmt* und ist ein Teil einer Lobeshymne auf den König. Darin heißt es (Urk. I 39, 15): *śk rdj·n n·f nṯr śjꜣ ẖt m ẖt* „siehe, Gott gab ihm (dem *Śꜣḥwrʿ*) das Erkennen von Dingen im Innern". Daß sich das *n·f* auf Sahureʿ bezieht, ist sicher aus dem Zusammenhang zu erschließen. In seiner Lobeshymne läßt der Verfasser dem König die Erkenntnis von Dingen durch Gott zuteil werden, was mit anderen Worten nichts anderes besagt, als daß dem König seine besonderen Fähigkeiten von Gott übertragen sind, wodurch aber gleichzeitig eine Göttlichkeit des Königs ausgeschlossen erscheint. Andere Fälle ähnlicher Art sollen erst in der Zusammenfassung Erwähnung finden. Hier können wir uns darauf beschränken festzustellen, daß *nṯr* nicht für den regierenden König gebraucht ist; der einzige belegbare Fall bezieht sich auf einen verstorbenen Herrscher, dessen göttliche Natur als sicher anzunehmen ist, jedoch außerhalb der Grenzen unserer Untersuchung liegt.

nb

Die Fälle, in denen *nb* als klarer Hinweis auf den König in den Inschriften von Privatpersonen des Alten Reiches aufscheint, sind nicht sehr zahlreich. Daneben treten auch Zusammensetzungen mit *nb* auf, insbesondere *ḥm n nb*,

---

[81]) In identischer Form auch Urk. I 53, 11—12.

[82]) Die Verwendung des Ausdrucks *nṯrj* für Ptah eröffnet interessante Aspekte für das theologische System des Alten Reiches, die aber hier nicht weiter verfolgt werden können. Vgl. auch Urk. I 170, 16, wo 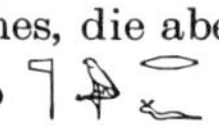 allgemein auf eine Gottheit verweist.

[83]) S. u. S. 91ff.

die jedoch in diesem Zusammenhang nicht besprochen werden, sondern erst später im Anschluß an *ḥm* untersucht werden sollen.

Bei der Schreibung von *nb* fällt besonders auf, daß es teilweise mit dem Götterzeichen determiniert ist, ein Umstand, der unsere besondere Beachtung verdient, weist doch diese Art der Determinierung auf eine göttliche Natur des Bezeichneten. Undeterminierte Beispiele sind zahlreich seit der IV. Dynastie zu finden[84], doch sind sie ihrem Charakter nach zu allgemein, daß man sie als eine spezifische Bezeichnung des Königs ansprechen könnte. In der Schreibung des Wortes *nb* wechseln solche mit dem zweilautigen Lesezeichen 𓎟 mit solchen mit einem komplementären *n*, wozu noch Schreibungen kommen, die die Endung *w* erhalten haben. Unterschiede in der Bedeutung der verschiedenen Schreibungen lassen sich nicht feststellen und müssen daher als graphische Freiheiten des jeweiligen Schreibers angesehen werden.

Die Belege für das Vorkommen des Ausdrucks *nb* zeigen in zeitlicher Hinsicht eine sehr ungleiche Verteilung. Nur ein Beispiel ist mir bekannt, das gewöhnlich der IV. Dynastie zugewiesen wird. Vier Fälle stammen aus der Zeit von *ꜣIssj*, während die Mehrzahl der VI. Dynastie und da in erster Linie in die Zeit von Pepi II. gehören. Diese sehr unterschiedliche zeitliche Verteilung ist von besonderer Bedeutung und muß bei der Besprechung der einzelnen Belegstellen beibehalten werden.

Unsere Untersuchung muß mit einer Inschrift (Urk. I 22) beginnen, die in die IV. Dynastie datiert wird und dadurch das einzige Beispiel der Verwendung von *nb* für das frühe Alte Reich darstellen würde. Der Text ist, soweit mir bekannt, nur in Abschriften veröffentlicht, während das Objekt selbst nirgends abgebildet wurde. Daressy[85] beschreibt dasselbe als rechteckigen Kalksteinsarg mit vorspringenden, halbkreisförmigen Bossen. Diese Form ist typisch für die IV. Dynastie und kommt später außer Gebrauch[86]. Während der archäologische Befund eine Zuweisung zur IV. Dynastie bestärkt, sprechen die wenigen mitgeteilten paläographischen Züge dieser Inschrift gegen ein derartiges Datum. Die Angabe „hieroglyphes gravés en désordre“ läßt sich wohl kaum mit der allgemein guten Ausführung der Inschriften der IV. Dynastie in Einklang bringen. Dazu kommt noch das Auftreten von *nb*, das ansonsten erst aus späterer Zeit belegt ist. Es scheint daher angebracht, die Datierung des Textes als unsicher zu betrachten, da die Nennung der Pyramide des Mykerinos keinerlei zeitlichen Anhaltspunkt bietet. Darüber hinaus wäre die Möglichkeit einer späteren erneuten Verwendung des Sarges zu erwägen.

Dreimal (loc. cit. 1, 10 und 12) wird in dieser Inschrift *nb·f* genannt, jedesmal in der gleichen Verbindung, jedoch nur einmal ist es mit dem Götterzeichen determiniert. Es erhebt sich dadurch die wichtige Frage, ob die Determinierung dem Wunsche des Schreibers freigestellt war oder aber ob sie irgendwelche Bedeutung besitzt. Dazu ist es notwendig, die beiden Aussagen

---

[84]) Insbesondere in den Ausdrücken mit *mrj*, wie *mrj nb·f*, *mrr nb·f*.

[85]) Rec. du Trav. 14 (1892) 165. Junker, Weta und das Lederkunsthandwerk im Alten Reich (Sitzb. Phil.-hist. Kl., Österr. Akad. d. Wiss. 1957) S. 5 datiert die Inschrift jetzt in die vorgeschrittene V. Dynastie.

[86]) Junker, Giza I 56.

miteinander zu vergleichen. Auf die Erwähnung der Titel *ỉmj-rꜣ gś* und *ṯbtj-njśwt* (Vorsteher der Lederarbeiter und Sandalenträger des Königs) folgt die Feststellung: *ỉrj ḫt m ṯbtj-njśwt r ỉśt-ỉb nt nb·f*  „der handelte als Sandalenträger des Königs zur Zufriedenheit seines Herrn". Das *nb·f* verweist offensichtlich auf den König, zu dessen persönlicher Betreuung dieser Mann gehörte. Daran schließt sich die Nennung des Titels *ỉmj-rꜣ ꜥrtjw* „Vorsteher der Schriftrollenmacher"[87]). Über seine Tätigkeit sagt er aus: *ỉrt* (sic) *mḏꜣt nt ꜥrt nt ḫrj-ḥbt r ỉst -ỉb nt nb·f*  *mj wḏ·tw* „der das Buch der Schriftrolle des Vorlesepriesters machte zur Zufriedenheit seines Herrn, wie es befohlen ist". Dieses Amt wird, im Gegensatz zu dem vorhergenannten, nicht als königlich bezeichnet. Auch die damit verbundene Tätigkeit steht in keinerlei Beziehung zum Königtum. Besonders wichtig für das Verständnis von *nb* ist das *mj wḏtw* „wie es befohlen (angeordnet) ist"; diese Anordnung bezieht sich zweifelsohne auf die rituell richtige Herstellung der Fest-Rolle des Vorlesepriesters und ist ferner mit dem vorhergehenden *nb·f* zu verbinden, nach dessen Anordnung dieselbe ausgeführt wurde. *ꜥrt nt ḫrj-ḥbt* ist selbstverständlich als ein liturgischer Text zu betrachten, dessen Form und Abfassung kaum der Kompetenz des Herrschers zugeschrieben werden kann, sondern unter göttlichem Patronat stand. Da es kaum anzunehmen ist, daß die Form der Liturgie ihren Ursprung im König hatte, ist es wohl berechtigt anzunehmen, daß sich das *nb·f* nicht auf den König, sondern auf Gott bezieht[88]). Dazu kommt noch, daß in diesem Falle das Götterdeterminativ nach *nb·f* gesetzt ist, während es in dem früher genannten Beispiel, das mit Sicherheit auf den König Bezug hat, nicht geschrieben ist. Damit ist in *nb*  nicht eine Bezeichnung des Königs, sondern Gottes zu sehen.

Die Reihe der zeitlich gesicherten Beispiele beginnt mit einem Briefe von *ꜣIssj* an *Rꜥšpśś*, in dem die Bezeichnung *nb·f* gleich viermal auftritt. Am Ende seines Schreibens bricht der König in die überschwenglichen Worte aus: (Urk. I 180, 2—7) *ỉ Rꜥšpśś ỉw ḏd·ỉ ḫr·k ḥḥ n sp m ḏd mrrw nb·f ḥssw nb·f ỉmj-ỉb n nb·f ḫrj-śštꜣ nb·f* „O Raꜥschepses, ich sagte zu dir Millionen Male, sagend:[89]) Geliebter seines Herrn, Gepriesener seines Herrn, Liebling seines Herrn, Vertrauter seines Herrn". Aus der Stelle geht nicht eindeutig hervor, worauf sich das *nb·f* bezieht. Sowohl eine Verbindung mit Gott wie mit dem königlichen

[87]) Vgl. WB I 208, 17, wo jedoch diese Berufsbezeichnung nicht genannt ist. Aus der sonstigen Beschäftigung des Mannes in der Lederverarbeitung ist es wohl anzunehmen, daß es sich bei ihm nicht um die Herstellung von Papyrusrollen handelte, sondern um die kostbareren Dokumente, die aus Leder gemacht waren. Vgl. dazu Junker, Weta . . . . . 24f.

[88]) Die Möglichkeit, daß *nb·f* in diesem Zusammenhang auf die dem König immanente göttliche Potenz anspielen sollte, scheitert an der Bezeichnung des Rituals als *mḏꜣt-nṯr*, das gerade die Bezogenheit auf Gott deutlich unterstreicht.

[89]) Die von Spiegelberg (in Quibell, Excavations at Saqqara 1907/08, 80) vorgeschlagene Lesung *ḏd(·ỉ) ḫr·k* „ich sagte zu dir", der ich an anderer Stelle folgte (Grapow-Festschrift 99) ist wohl kaum möglich, da die Konstruktion mit *ḫr* eine gewählte Ausdrucksweise darstellt, die Höhergestellten gegenüber gebraucht wird; vgl. Varille, Kêmi IV (1933) 119ff.

Herrn erscheint möglich. Letztere begegnet der Schwierigkeit, daß der zur Diskussion stehende Brief, wie auch eine Anzahl weiterer königlicher Schreiben, von König *ꜣIssj* in einem sehr persönlichen Ton gehalten sind, der dem uns beschäftigenden formellen Ausdruck zu widersprechen scheint. Diese Diskrepanz löst sich, wenn man im Auge behält, daß das *nb·f* in einem Zitat genannt wird und nicht eine Rede des Königs wiedergibt. Wir haben somit in dem Briefe, der uns beschäftigt, zwei verschiedene Sphären vertreten: auf der einen Seite den König, der von sich selbst als *ḥm* spricht oder überhaupt nur das Suffix der ersten Person verwendet. Auf der anderen Seite die Gefolgschaft des Königs, deren Feststellung hier zitiert wird. Somit spricht der König wohl nicht über sich selbst als *nb*, doch ist ihm diese Bezeichnung von seiten seiner Gefolgsleute geläufig.

Es scheint daher notwendig, in der zur Diskussion stehenden Stelle das *nb·f* als Bezeichnung des Königs zu verstehen, wie sie im offiziellen Verkehr gebraucht wurde. Die Richtigkeit der Erklärung wird erhärtet durch die beiden Ausdrücke *imj-ib* und *ḥrj-sštꜣ*, die keine Beziehung in die außerirdische Sphäre zulassen.

Diese respektvolle Bezeichnung des Königs als *nb·f* mit Verwendung des Götterdeterminativs steht in krassem Widerspruch zu der Tatsache, daß sich der König in seinen Briefen bewußt auf eine menschliche Stufe mit seinem von ihm sehr geschätzten Beamten stellt und sein königliches Amt in keinerlei Weise zur Geltung bringt. Die Einstellung wird besonders deutlich aus dem Satze, der auf die uns beschäftigende Stelle folgt (Urk. I 180, 7): *rḫ n ḥm mrr wj Rꜥ ḥr rdt·f n(·i) ṯw* „ich weiß wahrlich, daß mich *Rꜥ* liebt, da er dich mir gegeben hat.“ Dieselbe Aussage findet sich auch in einem anderen Briefe von *ꜣIssj* (Urk. 62, 12); dazu kommt noch eine sinnverwandte Stelle eines weiteren Schreibens, das denselben Gedanken zum Ausdruck bringt (Urk. I 63, 5): *irj·n ṯw ḥm nṯr r ist-ib nt ꜣIssj* „Gott hat dich wahrlich zur Freude des *ꜣIssj* gemacht“. Auch hier finden wir dieselbe Tendenz, die sicherlich nichts mit einer göttlichen Stellung des Königs gemein hat, im Gegenteil gerade den menschlichen Aspekt stark hervorstreicht und daraus hinausläuft, daß auch der König Mensch und in Freude und Leid dem Willen Gottes unterworfen ist[90]).

Die geistige Situation, die sich gerade in den königlichen Briefen widerspiegelt, ist vom größtem Interesse. Der König stellt sich in seinen eigenen Handlungen bewußt als Mensch hin, der mit seinen Untergebenen auf gleicher Ebene verkehrt. Haben wir hierin eine nachdrückliche Betonung der menschlich-irdischen Natur des Königs und seiner Abhängigkeit von Gott, so steht

---

[90]) Die Betonung des menschlichen Aspekts des Königs findet ihren deutlichen Ausdruck in der Verwendung des einfachen Suffixes *·i* für ihn. So an zwei Stellen der *ꜣIssj*-Briefe (Urk. I 64, 14; 63, 11) als *šk ḥm rḫ·tj mrr(·i) ṯw* „wahrlich du sollst wissen, daß ich dich liebe“. Vielleicht auch in Urk. I 63, 10 *i Śnḏmib mrr(·i) ṯw ḥ [m]* „O *Snḏmib*, ich liebe dich wahrlich“. Sethe ergänzt die schmale Lücke am Ende zu *ḥnꜥ*, was jedoch mit den Spuren nicht vereinbar ist. Auch würde man annehmen, daß bei *ḥnꜥ* keine Teilung des Wortes vorgenommen werden würde, sondern die drei Zeichen nebeneinander stehen. Die hier vorgeschlagene Ergänzung kann wegen der geringen Reste nicht bestätigt werden, doch besitzt sie einige Wahrscheinlichkeit.

diametral dazu die Bezeichnung des Herrschers als *nb* . Es spiegelt sich in diesem Terminus eine Einstellung, die den König über die irdische Sphäre hinauszuheben bestrebt ist. Die Betonung des Menschlichen gerade in den Königsbriefen zeigt, daß diese allem Anschein nach neue Tendenz vom Königtum zur Zeit des *ʾIssj* nicht voll absorbiert war.

Ein weiteres Beispiel aus der Regierungszeit von *ʾIssj* nennt unter den Titeln des Mannes (Urk. I 180, 17): *imj-rȝ kȝt nb nt njśwt mrr(w) nb·f* „Vorsteher aller Arbeiten des Königs, der Geliebte seines Herrn“[91]). Ehrenbezeichnungen mit *nb·f* sind gut belegt seit der IV. Dynastie und beziehen sich zweifelsohne auf den König. Deshalb ist auch hier die Verwendung von *nb* für den Herrscher als sicher zu betrachten. Diese Art der Schreibung findet sich m. W. nicht vor der Regierungszeit des *ʾIssj*, da die früheren Beispiele durchwegs undeterminiert sind.

Eine weitere Stelle aus der Inschrift des *Śnḏmib-ʾIntj* gehört gleichfalls in die Regierung des *ʾIssj*. Darin berichtet der Sohn des Grabherrn über seine Bestrebungen für die Bestattung seines verstorbenen Vaters (Urk. I 65,7): *ḫr dbḥ(·i) ḫr nb inj·tw n·f ḳrśw m rȝ-ȝw* . . . „Da erbat ich bei dem Herrn, daß man für ihn einen Sarg aus Turah bringe . . .“ Die Beschreibung des Vortrags von einem Anliegen beim König ist uns in einer Reihe von Beispielen aus etwas späterer Zeit bekannt. Diese sind bis auf die Verwendung von *nb* grundsätzlich gleich gebaut, indem sie dafür *ḥm n nb* setzen[92]). Die starke Betonung der Herrennatur des Königs, die wir in unserer Stelle finden, will so gar nicht zu dem jovialen Ton der königlichen Briefe passen. Die Erklärung ist wohl darin zu sehen, daß es ja der Sohn des *Śnḏmib-ʾIntj* ist, der den König als „Herrn“ anspricht, indem das enge, persönliche Verhältnis, das zwischen dem Monarchen und seinem Vater herrschte, ihn nicht mit einschloß. Die offizielle Bezeichnung des Königs als *nb* fanden wir bereits oben in einer Inschrift aus derselben Zeit.

Bereits ans Ende des Alten Reiches führt uns die biographische Inschrift des *Ḳȝr* von Edfu. Der Mann, unter Teti geboren, lebte wohl bis in die Regierungszeit von Pepi II. Nachdem er über seine erfolgreiche offizielle Tätigkeit im Auftrage der Residenz[93]) berichtet, fährt der Text fort (Urk. I 255, 5): *ḥsj·kwj ḫr·ś in nb* „ich wurde belohnt deswegen durch den Herrn“. Es kann als völlig sicher angesehen werden, daß *nb* an dieser Stelle auf den König verweist. Ihre Verwendung in der Biographie, die ansonsten eher selbstherrlichen Ton aufweist, ist doch verwunderlich, da außer an dieser Stelle nicht direkt von dem Herrscher gesprochen wird. Zum besseren Verständnis unserer Stelle ist es wesentlich, daß durch *nb* auf keine bestimmte Herrscherpersönlichkeit verwiesen wird, sondern damit der König in seiner prinzipiellen Rolle angesprochen wird. In diesem Belange entspricht der Terminus *nb* dem

---

[91]) Vgl. auch die ähnliche Stelle Urk. I 182, 13.

[92]) S. u. S. 76f.

[93]) *Ḫnw* ist wohl im Sinne von Zentralverwaltung zu verstehen, wie der Ausdruck auch sonst gebraucht wird.

älteren *njśwt*, das gleichfalls den Herrscher in seiner Rolle als Exponent der Institution des Königtums bezeichnet. Gerade der generelle Charakter der Bezeichnung *nb*  macht seine Verwendung in unserem Text verständlich. *Kꜣr* diente unter einer Reihe von Königen, wodurch sich die Möglichkeit der Nennung eines individuellen Regenten ausschließt. Darüber hinaus spiegelt gerade die Verwendung von *nb* eine Anerkennung des Oberherrn auf dem ägyptischen Thron, die sich nur in dieser Form mit dem selbstbewußten Ton der biographischen Inschrift vereinigen läßt.

Ein Punkt, der vielleicht bei der Verwendung von *nb* an dieser Stelle von Bedeutung ist, liegt in der Bezogenheit der Stelle auf die außerhalb Ägyptens gelegenen Territorien. Es hat den Anschein, daß gerade den letzteren gegenüber der Herrscheraspekt des Königs, d. h. seine Stellung als Vertreter der göttlichen Ordnung, die sich im ägyptischen Staat manifestiert, betont wird.

Die verbleibenden Belege für den Ausdruck *nb* verteilen sich auf zwei Inschriften, beide aus der Regierung von Pepi II., wobei beide aus Elephantine stammen. Sie gehören *Ḥrḫwf* und *Ḥḳꜣib*. Die geographische wie auch die zeitliche Beziehung zwischen den beiden Texten ist von nicht geringer Bedeutung, wie auch die Tatsache, daß sie nicht aus der Umgebung von Memphis stammen, sondern im äußersten Süden gefunden wurden.

In der Aufzählung seiner Titel und Ämter sagt *Ḥrḫwf* ohne ersichtlichen Zusammenhang (Urk. I 124, 4) *irr ḥsst nb(·f)* und zwar in Verbindung mit dem Titel *ḏdj nrw Ḥr m ḫꜣśwt*. Eine Erwähnung dieses Ausdrucks fanden wir bereits in der Zeit des *ꜥIssj*, wo er in Verbindung mit demselben Titel auftritt. Ob irgendwelche Beziehungen zwischen den beiden Ausdrücken vorhanden sind, läßt sich nicht erweisen, auch ist es an unserer Stelle unklar, worauf das *nb* (die Ergänzung des Suffixes *·f* ist nicht sicher) verweist. Sowohl der König wie Gott sind an dieser Stelle in gleicher Weise möglich, doch ist ersteres wohl eher anzunehmen. Auch hier finden wir die enge Verbindung zu den Fremdländern, die wir bereits oben im Zusammenhang mit dem Terminus *nb* gefunden haben.

In dem königlichen Brief, der im Grabe des *Ḥrḫwf* aufgezeichnet ist, findet sich der Ausdruck *nb* dreimal, wobei der Zusammenhang in allen Fällen große Ähnlichkeit besitzt. Trotzdem ist es notwendig, die Stellen einzeln durchzunehmen. Die erste lautet (Urk. I 129, 5): *in tr rḫw ṯw irt mrrt ḥsst nb·k* „Wahrlich ein Wissender bist du des Tuns, was dein Herr wünscht und preist". Die Aussage findet sich in ähnlicher Form bereits in zwei *ꜥIssj*-Briefen, die hier gleichfalls genannt werden müssen (Urk. I 179, 17): *rḫ ṯw tr ḏd mrrt ḥm(·i) r ḫt nb* „Du weißt zu sagen das, was (meine) Majestät über alles wünscht"[94], und ähnlich (Urk. I 63, 4): *rḫw ṯw tr ḏd mrrt ꜥIssj r ḫt nb* „du weißt zu sagen das was *ꜥIssj* über alles wünscht". In beiden *ꜥIssj*-Briefen findet sich an Stelle des *nb·k* eine persönliche Ausdrucksform, in dem einen Falle *ḥm(·i)*, in dem anderen die Nennung des Könignamens ohne Titel. Beide beziehen sich auf die menschliche Person des Königs und sind, wie noch zu zeigen sein wird, nicht mit dem Herrscheraspekt desselben verbunden. Weiter ist hier zu er-

[94]) Vgl. dazu Sethe, Kommentar und Übersetzung zu den altägyptischen Pyramidentexten II 336.

wähnen, daß sich der König in dem Briefe Pepi II., bis auf die drei fast gleichlautenden Fälle, immer als *ḥm(·i)* bezeichnet, was die Verwendung von *nb* in der hier erscheinenden Form noch befremdlicher erscheinen läßt. Gerade die Tatsache, daß in den beiden Parallelstellen die Person des Königs genannt ist, scheint es nahezulegen, *nb* in gleicher Weise zu verstehen. Dies ist jedoch nicht möglich auf Grund der grammatikalischen Konstruktion. *Mrrt* und *ḥsst* sind beide imperfektische Relativformen, drücken daher eine andauernde Handlung aus. Daraus ergibt sich, daß das regierende Subjekt ein fest umgrenzter Begriff sein muß, von dem das ,,Wollen" als andauernde Handlung ausgeht. Dies ist richtig empfunden in den *ʾIssj*-Briefen, wo nach *mrrt* die Nennung der Person des Königs folgt. Wenn wir diese Situation auf die zur Diskussion stehende Stelle übertragen, so müßte auch hier *ḥm(·i)* stehen, sollte sich die Stelle auf den König beziehen; eine andersartige Erklärung ist schon daher nicht zulässig, da im Auge behalten werden muß, daß der König erst den Thron bestiegen hat, *Ḥrḫwf* also noch gar keine Gelegenheit hatte, sich für seinen Herrn in einem weitgehenden Masse einzusetzen. Damit erscheint es unwahrscheinlich, daß sich das *nb* auf die Person des Königs direkt beziehen kann, wie wir es in den Parallelfällen ausgedrückt fanden. Die Annahme, daß sich das *nb* hier auf Gott bezieht, erscheint gleichfalls unwahrscheinlich, da eine rein irdische Situation vorherrscht. Die Auslegung, die dem besonderen Charakter der Stelle gerecht zu werden scheint, ist die Annahme, daß sich *nb* auf den Herrscher, ansonsten mit *njśwt* bezeichnet, bezieht, nämlich der Träger des gottgesetzten Amtes des Königtums, das nicht mit der Person seines Trägers voll identisch ist. Als Institution ist das Königtum göttlichen Ursprungs, womit sich die Verwendung des Götterzeichens nach *nb* mühelos erklärt.

Die beiden anderen Stellen in der Inschrift des *Ḥrḫwf* (Urk. I 129, 7, 14) sind mit der besprochenen nahe verwandt; sie sprechen gleichfalls vom ,,Ausführen dessen, was der Herr wünscht und lobt". Auch in ihnen bezieht sich der Ausdruck *nb* auf den König, jedoch nicht auf die Person desselben, sondern auf seinen Herrscheraspekt und steht somit parallel zu *njśwt*.

In der zweiten aus Elephantine stammenden Inschrift, der des *Ppjnḫt-Ḥḳ3ib*, finden wir gleichfalls die Bezeichnung *nb*. Auch dieser Text stammt aus der Zeit Pepi II., ist also mit dem vorher besprochenen zeitlich nahe verwandt. Unter anderem berichtet uns *Ḥḳ3ib* in seiner Biographie, daß ihn der König (*ḥm n nb*) ausschickte, um *W3w3t* und *ʾIrṯt* zu zerstören. Bevor er dann fortfährt, die Einzelheiten über seine Unternehmung zu schildern, erklärt er (Urk. I 133, 11) *iw irj·n(·i) r ḥst nb* ,,Ich handelte zur Zufriedenheit des Herrn". Wie wir dies auch sonst finden, ist es die Person des Königs, die ihn aussendet, da ja der Herrscher eine Stellung oder Institution ist und als solche nicht direkt agiert. Die Mission, die *Ḥḳ3ib* auszuführen hatte, war nicht ein persönlicher Auftrag des Königs, sondern stand im Interesse des Staates, womit er seine Handlung nicht für die Person des Königs ausführt, sondern für das Königtum, wie es sich in dem jeweiligen Herrscher repräsentiert. Die Art, wie *nb* hier verwendet wird, ist identisch mit der Anwendung von *njśwt*, wie wir sie oben gefunden haben. Auch die anderen Stellen in dieser Inschrift, wie Urk. I 134, 1, 5, 12, verwenden *nb* in gleicher Weise, wobei es sich niemals um die physische Person des Königs handelt, sondern immer um den Repräsentanten des Königtums. Zu dem *mḥ ỉb* vgl. die zahlreichen Stellen in Verbindung mit *njśwt*, die oben diskutiert wurden[95]).

Wenn wir somit die Stellen zusammenfassen, in denen der Ausdruck *nb* in der Schreibung  vorkommt, so läßt sich folgendes feststellen: Der Terminus erscheint in den Inschriften seit der Regierung von *ỈIssj*, Ende der V. Dynastie, und wird in der VI. Dynastie häufiger. Der Zeitpunkt des Auftretens fällt mit einem grundlegenden Wechsel im ägyptischen Staatskonzept zusammen. Die Bezeichnung tritt daneben auch in der Verbindung *ḥm n nb*[96]) auf. *Nb* wird nicht für die menschliche Person des Königs verwendet, sondern bezeichnet den Herrscher Ägyptens und ist somit parallel zu *njśwt* zu verstehen. In der Verwendung sticht besonders eine enge Verbindung mit den außerägyptischen Territorien hervor, doch existieren daneben auch Fälle, die ausschließlich in den ägyptischen Staatsbereich gehören. Als Bezeichnung des Königs bildet *nb*, determiniert mit dem Götterzeichen, ein Symptom einer Wandlung des Königskonzeptes, die mit dem Ende der V. Dynastie anhebt und in das Mittlere Reich hinüberführt.

ỉtj

Eine nur selten für den König verwendete Bezeichnung ist *ỉtj*[97]). Drei der Belege setzen das Götterzeichen als Determinativ, während es in zwei weiteren Fällen fehlt.

Die beiden letzteren sind: (Urk. I 188,1) *ỉnk ỉmȝḫw ḫr ỉtj nb śtp(·ỉ) n·f sȝ r·f* „ich war ein Geehrter bei jedem Herrn, dem ich Dienst geleistet habe"; auch Urk. I 82, 14—15, das damit identisch ist. Es erscheint nicht sicher, ob das *ỉtj* überhaupt auf den König verweist und nicht als generelle Bezeichnung aller Vorgesetzter zu nehmen ist, unter denen der Sprecher eine Stellung bekleidete. Eine derartige Auffassung scheint um so mehr berechtigt, als in der letzten Inschrift *ỉtj* auch mit dem Götterdeterminativ vorkommt, welche Stelle mit Sicherheit auf den König verweist. Darin eine Bezeichnung der Herrscherstellung zu sehen, scheint berechtigt auf Grund der Verbindung *ỉmȝḫw ḫr*, wenngleich das Auftreten des *nb* befremdlich wirkt.

Die beiden älteren Belege für *ỉtj* mit  stammen aus der Zeit des Teti. In dem einen heißt es (Urk. I 86,7): *śtp(·ỉ) sȝ nb r ỉtj* „ich tat jeglichen Dienst für den Herrn". Die nahe Verwandtschaft mit den Fällen, in denen *ỉtj* ohne das Götterzeichen erscheint, ist offensichtlich, da auch hier von dem *śtp sȝ* gesprochen wird[98]). Aus der Verbindung mit *śtp sȝ* können wir auch die spezi-

---

[95]) S. o. S. 28. [96]) S. u. S. 76ff.

[97]) Ihre Verwendung für Privatpersonen, wie sie insbesondere Grdseloff, ASAE 42 (1942) 54ff. annimmt, ist keineswegs gesichert, da die von ihm gebrachten Beispiele aller Vermutung nach Eulogien sind.

[98]) Die genaue Bedeutung des Ausdrucks ist nicht sicher, wenngleich es den Anschein hat, daß er etwas wie „Leibwache" ausdrücken würde. Eine derartige Auffassung erscheint nicht annehmbar, wenn sie direkt mit einem Dienst für die Person des Königs verbunden wird, da wir den Ausdruck nicht in Verbindung mit

fische Bedeutung von *ỉtj* erkennen, indem dieser Ausdruck sonst auch in Verbindung mit *njśwt* auftritt[99]). Daraus ergibt sich, daß die Bezeichnung *ỉtj* parallel zu *njśwt* zu verstehen ist und als solche nicht auf die Person des Königs, sondern auf den Herrscher Ägyptens Bezug hat.

Das zweite Beispiel von *ỉtj*  aus der Zeit des Teti entstammt der Inschrift des *Sȝbw*, in der der Terminus auch einmal undeterminiert vorkommt. Die Stelle lautet (Urk. I 83, 17): *n sp ỉrj·tw mjtt n bȝk nb mjtj(·ỉ) n ỉtj nb* ,,Niemals wurde Gleiches getan von irgendeinem Diener meinesgleichen für irgendeinen Herrn". Daß unter *ỉtj* an dieser Stelle der König zu verstehen ist, ergibt sich aus dem Zusammenhang, in dem vorher vom Eintritt in den ,,Staatsdienst" (*ꜥḳ r ẖnw-ꜥ*) gesprochen wird. Gerade aus den spezifischen Umständen muß abgeleitet werden, daß *ỉtj* hier dem sonst durch *njśwt* bezeichneten Aspekt des Herrschers verwandt ist. Trotzdem verbleibt ein wesentlicher Unterschied, nämlich die Verwendung von *nb*, die dem Charakter des *njśwt* zuwiderläuft. Die Erklärung des *ỉtj nb* bereitet Schwierigkeiten. Aus dem Gebrauch von *nb* nach *ỉtj* muß abgeleitet werden, daß letzterer Ausdruck einen stärker auf eine Person begrenzten Begriff zum Ausdruck bringt als *njśwt*. Daß trotzdem das Götterdeterminativ gesetzt wird, verweist auf einen Bedeutungsgehalt, der aus der rein irdischen Sphäre herausgehoben ist. Damit haben wir hier mit einer Mittelstellung zwischen den beiden Polen ägyptischen Königtums zu rechnen, die auch in anderen Formen zum Ausdruck gebracht ist. Der Zeitpunkt des Auftretens, Anfang der VI. Dynastie, ist dabei von Wichtigkeit[100]).

Ein weiterer Beleg für *ỉtj* findet sich in der Inschrift des *Ḥrḫwf*. Im Bericht über den dritten Zug nach *ʾIȝm* heißt es anschließend an das Zusammentreffen mit dem Fürsten von *ʾIȝm* (Urk. I 126, 3—4): *śḥtp·n(·ỉ) św r wn·f ḥr dwȝ nṯrw nb n ỉtj* ,,Ich stellte ihn zufrieden, so daß er alle Götter für den Herrn pries"[101]). Die Stelle hat eine Parallele in der Inschrift des *Njꜥnḫśḫmt*, wo für das hier genannte *ỉtj* der Name des Königs in der Kartusche steht. Während in letzterem Beispiel ein persönlicher Kontakt mit dem König bestand, kann ein solcher in der Inschrift des *Ḥrḫwf* kaum angenommen werden. Somit liegen die Umstände gänzlich anders, trotz gleicher Formulierung des Textes, und es kann keine Verbindung zwischen den beiden verschiedenartigen Bezeichnungen für den König hergestellt werden.

Die Dankbarkeit des nubischen Kleinfürsten richtet sich sicher nicht an die physische Person eines bestimmten Pharao, sondern an den Herrscher Ägyptens. Warum an dieser Stelle *ỉtj* gesetzt wird und nicht eine der Bezeich-

---

ḫm belegt haben. Sieht man darin aber eine offizielle Tätigkeit, die mit dem Herrscher in Verbindung steht, vielleicht in der Art eines königlichen Schutzkorps, dessen Funktionen nicht auf einen bestimmten Herrscher beschränkt sind, sondern dem Königtum als einer Institution dienen, so erscheint dies wesentlich wahrscheinlicher. Eine Bestätigung für eine derartige Auffassung findet sich in dem Gebrauch von *śtp sȝ* in Verbindung mit *njwt*, das ja auch keine bestimmte Person, sondern juristisch gesehen eine Institution darstellt. Vgl. dazu ferner unten Anm. 181.

[99]) Urk. I 234, 1; s. o. S. 39.

[100]) S. u. S. 91ff.

[101]) Zu der Stelle siehe Edel, Grapow-Festschrift, 52f.

nungen mit ähnlicher Bedeutung wie *njśwt* oder *nb*, ist nicht ersichtlich. Eine Möglichkeit mag darin liegen, daß der *ḥkꜣ-ꜥIꜣm* kein direkter Untertan des ägyptischen Pharao war, somit letzterer ihm gegenüber nicht die Stellung eines *njśwt* einnahm. Andererseits ist wohl anzunehmen, daß der nubische Fürst die ägyptische Oberhoheit über sein Gebiet anerkannte, unter gleichzeitiger Wahrung seiner regionalen Selbständigkeit. Es erscheint daher möglich, daß dieses besondere Verhältnis die Wahl des Ausdrucks *ỉtj* an dieser Stelle beeinflußte. Die Natur des Rechtsverhältnisses zwischen der ägyptischen Krone und den nubischen Fürsten ist nicht mit Sicherheit festzulegen. Den einzigen Hinweis, den wir in dieser Hinsicht besitzen, gehört der Regierung von *Mrnrꜥ* an (Urk. I 110—111) und berichtet über eine Huldigung an den ägyptischen Monarchen. Der leider isolierte Text weist auf ein Anerkennungsverhältnis zu einem bestimmten Herrscher auf dem ägyptischen Throne und trägt somit stark persönliche Züge. Die Annahme eines derartigen Vasallentums, das einen Oberherrn auf einer weitgehend persönlichen Basis anerkennt, wird unterstützt durch das Bestehen desselben Rechtsverhältnisses innerhalb des ägyptischen Staates. Es sind gerade die Siegelzylinder, die auf eine persönlich gebundene Rechtsform zwischen dem König und seinen Beamten hinweisen. Damit wäre in *ỉtj* an unserer Stelle das mit einer Person verknüpfte Herrscherkonzept (*njśwt*) zu sehen, wie es sich auch aus dem oben besprochenen Ausdruck *ỉtj nb* ergibt.

Innerhalb der Texte des Alten Reiches ist *ỉtj*  auf die VI. Dynastie beschränkt, worin es mit dem Terminus *nb*  identisch ist, der seit der Regierung des *ꜥIssj* auftritt und in der VI. Dynastie häufig wird. Auch ihrer Bedeutung nach sind die beiden Ausdrücke nahe verwandt, da sie eine Verengung des umfassenden Herrscherbegriffes (*njśwt*) auf einen bestimmten Monarchen zum Inhalt haben. Da die Belege für *ỉtj* aus der ägyptischen Sphäre nur für die Regierung des Teti belegt sind, besteht die Möglichkeit, daß es sich um eine zeitlich eng begrenzte Verwendung handelt und der Terminus als Variante zu *nb* zu verstehen ist. Für die Verwendung in *Ḫrḫwf*'s Text mögen andere Gründe mitgewirkt haben, wenn es sich nicht überhaupt um eine stilistische Feinheit in der Textgestaltung handelt.

ḥm

Die weitaus häufigste Bezeichnung, die für den König in den Inschriften des Alten Reiches Verwendung findet, ist *ḥm*. Während es in den Privatinschriften, wo diese vom König sprechen, wie auch in den königlichen Schreiben in großer Zahl auftritt, findet sich die Bezeichnung überhaupt nicht in den Pyramidentexten. Dieses völlige Stillschweigen einer so wichtigen und in ihrem Umfang auch weitläufigen Quelle ist äußerst bezeichnend und deutet bereits *a priori* auf einen bestimmten Aspekt des Herrschers, der in den für ihn bestimmten Totentexten, bzw. religiösen Texten, wie sie den Hauptteil der Pyramidensprüche darstellen, nicht zur Sprache kommt. Gerade für die Erkenntnis der Stellung des regierenden Pharao ist das Studium dieser Bezeichnung von größter Wichtigkeit, da sie sich in einer solch überragenden Anzahl in den Texten findet. Dabei ist der Zusammenhang, in der dieselbe auftritt, besonders in Betracht zu ziehen, insbesondere solche Stellen, wo dieser Terminus in Verbindung mit anderen, gleichfalls auf den König angewandten Ausdrücken, erscheint.

Der Ausdruck selbst wird herkömmlich mit „Majestät" übersetzt, in welcher Bedeutung er auch im Wörterbuch aufgenommen ist[102]). Eine derartige Übersetzung, obwohl weitgehend eingebürgert, entspricht in keiner Weise dem Charakter des ägyptischen Wortes, wie dies im folgenden zu zeigen sein wird. Wenn trotzdem an der Übersetzung „Majestät" vorerst festgehalten wird, so geschieht dies in erster Linie im Hinblick auf die Schwierigkeit einer sinngetreuen Wiedergabe.

Es sei hier bereits vorausgeschickt, daß die Bezeichnung *ḥm* immer dort auftritt, wo der König als physische Person erscheint, bzw. wo er in einem persönlichen Verhältnis zu dem Handelnden steht. Diese Unterscheidung ist mit der größten Genauigkeit eingehalten, wie es sich im folgenden zeigen wird.

Njʿnḫšḫmt, in seiner Inschrift, die uns bereits mehrmals beschäftigte, wendet sich an den König mit dem Ersuchen um die Beistellung einer Grabausrüstung. In seinem Grabe gibt er uns den vermutlich genauen Wortlaut seiner Bitte, die wir bereits früher besprochen haben[103]). Dieselbe richtet er an den König, wie er sagt (Urk. I 38, 7): „Der Arzt *Njʿnḫšḫmt ḏd ḫr ḥm·f* sprach zu seiner Majestät". Dieses *ḏd ḫr ḥm·f* ist nicht selbst die Bitte, sondern leitet jene nur ein, die im Text dann auch direkt darauf folgt. In derselben bezeichnet er den König als *mrj-Rʿ* „Geliebter des Reʿ" und bittet, daß dessen *Ka* und nicht *ḥm* einen entsprechenden Befehl erteilte, um ihn in den Besitz einer Grabausstattung kommen zu lassen. Wir haben hier eine deutliche Verschiebung in den angesprochenen Aspekten des Königs. Der Befehl, der die Verleihung hervorrufen soll, wird durch den *Ka* erteilt, der, wie wir oben gesehen haben, weitgehend dem *njśwt* entspricht und als solcher in der Lage ist, staatsrechtlich vollwertige Aktionen hervorzurufen[104]). Dieser Anruf an die dem König innewohnende göttliche Potenz, kraft derer er das Herrscheramt auszuführen in der Lage ist, wird eingeleitet von der direkten Anrede an den König (*ḥm·f*), in deren Verlauf die eigentliche Bitte dann nicht an den *ḥm*, sondern eben an den königlichen *Ka* gerichtet wird. *Ḥm·f* bezeichnet hier klar die physische Person des Königs, zu der *Njʿnḫšḫmt* spricht und in der das Königtum eingebettet liegt. Da dasselbe primär eine Rechtsstellung ist, gibt es keinen direkten Verkehr mit dem *njśwt*, sondern derselbe kann nur auf dem Verwaltungswege stattfinden. Eine direkte Aussprache mit dem *njśwt* ist nirgends belegt, sondern mündliche Anliegen werden immer an den *ḥm* gerichtet.

Es ist bezeichnend, wie der Text fortfährt. Nach der Bitte, daß der *Ka* des Königs einen entsprechenden Auftrag erteile, durch den dem Bittsteller eine Grabausrüstung zuteil werde, heißt es (Urk. I 38, 11): *rdj·in ḥm·f inj·tw n·f rwt 2 m Rȝ-ȝw* „Seine Majestät veranlaßte, daß man ihm 2 Scheintüren aus Turah bringe . . ." Die Erteilung eines offiziellen Befehles, um den in der vorhergehenden Bitte ersucht worden war, findet keine weitere Erwähnung. Was genannt wird, ist der Auftrag, den der König gab, um die Erfüllung des An-

---

[102]) WB III 91.

[103]) S. o. S. 37f.

[104]) S. o. S. 40.

suchens zu gewährleisten, nämlich das Bringen der Scheintüren. Der juristisch dekretive Akt, der demselben vorangegangen sein muß, nämlich die Genehmigung der Bitte durch den Herrscher, findet keine weitere Erwähnung, doch läßt sich die Notwendigkeit eines derartigen Schrittes aus der Formulierung des Textes erkennen. Wie wir bereits oben gesehen haben, ist es nämlich der als *njśwt* bezeichnete Herrscher, der Verwaltungsbestimmungen oder Rechtsgeschäfte im allgemeinen, und um ein solches handelt es sich hier, verfügen kann als eigentliche Funktion seiner Stellung. Die juristischen Voraussetzungen für die Vergebung der Grabausstattung sieht *Nj*ʿ*nḫśḫmt* richtig in einem Befehl (*wḏ*) des gottgesetzten Herrschers. Die sich aus dieser Situation ergebenden Bedingungen bedürfen keiner direkt staatsrechtlichen Anordnungen, sondern werden durch Verfügungen gelöst, die vom König persönlich erteilt werden. Damit haben wir in diesem Ansuchen drei Schritte zu unterscheiden. Die direkte, persönliche Anrede an den König (*ḥm*), das Ersuchen um eine offizielle Gabe, hervorgerufen durch einen Herrschaftsakt (*wḏw kꜣ·k*) und die Anordnung des Königs (*ḥm*) zur Ausführung desselben, die aber in der Inschrift nicht weiter erwähnt wird. In den beiden Fällen, in denen die Bezeichnung *ḥm* verwendet wird, verweist sie nicht den Herrscher auf dem Thron Ägyptens in seinem juristischen Aspekt als Verkörperung des Königtums, sondern den irdischen Menschen, der in seiner Person Träger des Königtums ist. Diese Aufspaltung in einen herrschaftlichen und menschlichen Aspekt des Königtums werden wir in all jenen Fällen finden, wo *ḥm* erscheint.

Wenn es später in derselben Inschrift heißt (Urk. I 39, 2—3): *rdj·in ḥm·f wdj·tw ẖrjw-*ʿ *im·śn sš·tw·śn m ḫśbḏ* „Seine Majestät ließ *ẖrjw-*ʿ[105]) in sie setzen und sie in Blau bemalen", so zeigt die intime Situation, daß es sich bei dem *rdj·in mḥ·f* nur um eine persönliche Anordnung des Königs handeln kann, nicht aber um einen staatlichen Erlaß, der angesichts der Unbedeutendheit der Angelegenheit unsinnig wäre.

Daß *Nj*ʿ*nḫśḫmt* sich persönlich an den König wandte, ergibt sich mit voller Deutlichkeit aus dem zweiten Teil der Inschrift. Darin wird die Antwort des Königs wiedergegeben, die durch *ḏd·in ḥm·f n* . . . . „es sprach seine Majestät zum Arzt *Nj*ʿ*nḫśḫmt*" (Urk. I 39, 5) eingeleitet wird. Hier antwortet der König persönlich der Bitte seines Untergebenen. Er versichert ihm darin seiner Fürsorge für ein Begräbnis, das er noch durch eine feierliche Erklärung, die erneut sehr persönlich gehalten ist, bekräftigt (Urk. I 39, 6): *śnb fnḏ(·i) pn mrr wj nṯrw* „So wahr diese (meine) Nase gesund ist und mich die Götter lieben . . ." Hier haben wir deutlich die Person des Königs vor uns, wie sie dem ihm nahestehenden Untergebenen bei der eigenen Gesundheit eine Versicherung abgibt. Von einer Herrscher- oder gar göttlichen Stellung ist sicherlich nichts zu entdecken[106]).

---

105) *Ḫrj-*ʿ ist im Wörterbuch nicht angeführt; an eine Bedeutung „Gehilfen" zu denken, ist sowohl wegen des gebrauchten Determinativs, wie auch wegen der Situation unwahrscheinlich. Ich möchte vorschlagen, darin die versenkten Inschriftzeichen zu sehen, die anschließend mit blauer Farbe bemalt wurden, wie wir es häufig auf den Scheintüren des Alten Reiches finden. Die wörtliche Übersetzung ist vielleicht „die unter der Oberfläche befindlichen".

106) Vgl. dazu auch unten S. 86.

Noch einmal kommt in dieser Inschrift der Ausdruck *ḥm* vor und auch da steht er in einem sehr bezeichnenden Zusammenhang (Urk. I 39, 13—14): *ir iś prj ḫt nb m rȝ n ḥm·f ḫpr ḥrj-ʿw* „Bezüglich dem Hervorgehen von irgendetwas aus dem Munde seiner Majestät, es geschah sofort". Der Satz ist wohl dahingehend zu verstehen, daß jegliche Anweisung, bzw. jeder Wunsch, den der König aussprach, sofort ausgeführt wurde. Würde nun *ḥm* den Herrscher und nicht den Menschen auf dem Thron bezeichnen, so wäre eine derartige Feststellung höchst überflüssig, da ja ein gegebener Befehl selbstverständlich sofortige Ausführung verlangte. Somit kann es sich bei den *ḫt nb* nicht um Verfügungen im Rahmen der Staatsverwaltung, nämlich herrscherlicher Befehle handeln, in welchem Falle man auch *wḏw* erwarten würde, sondern um persönliche Wünsche des Königs. Dabei ist es bezeichnend, daß in einem stark physischen Konzept vom *rȝ n ḥm·f* „Mund seiner Majestät" gesprochen wird.

Diese Art direkten, persönlich gefärbten Verkehrs zwischen dem König und seinen Untergebenen, wobei ersterer immer mit *ḥm* bezeichnet ist, findet sich auch sonst an vielen Stellen. Nichts spricht für eine göttliche Stellung des Pharao, sondern wir sehen ihn, wie er sich unter seinen Untergebenen bewegt, aus denen er nur durch sein hohes Amt herausragt. Eine gute Illustration dafür ist die Inschrift des *Wȝšptḥ*, des Vezirs aus der Zeit des *Nfrirkȝrʿ*. Wie bekannt, hatte dieser hohe Würdenträger einen schweren Unfall, dem er auch erlegen ist. Als der König davon erfährt (Urk. I 41,6): *rdj·in ḥm·f twȝ·tw·f* „veranlaßte seine Majestät, daß er gestützt werde". Diese rein menschliche Reaktion kann sicherlich nicht als ein Staatsakt betrachtet werden, sondern entspringt der momentanen Situation, aus der heraus der König seine Anweisung trifft. Noch deutlicher wird es, wenn (Urk. I 41, 13—15) es heißt: *mȝȝ św ḥm·f iśn·f tȝ* . . . . *ḏd·in ḥm·f im·k śn tȝ iśn n·k rd(·i)* „Seine Majestät sah, wie er die Erde küssen (wollte) . . . . Da sagte seine Majestät: Küß nicht die Erde, küsse (mein) Bein!" Auch hier spricht ein stark menschlicher Zug aus der Inschrift. Das Küssen des Beines anstatt des Bodens vor dem König scheint eine besondere Auszeichnung zu sein, die uns auch an einer anderen Stelle nochmals begegnet[107]). Hier könnte man die Situation auch dahingehend verstehen, daß der König seinen Untergebenen aufforderte, nicht den Boden zu küssen, als er gewahr wurde, welche Schwierigkeiten ihm dies bereitet. Daß *ḥm* ganz deutlich die menschliche Person des Königs bezeichnet, wird klar aus dem *rd(·i)*.

Nach der Ankunft im Palast läßt der König die ‚Königskinder' (?)[108]), Priester und Ärzte zusammenrufen (Urk. I 42, 6). Diese sprechen zu ihm (*ḏd·in·śn ḫr ḥm·f*), doch ist uns deren Rede leider nicht erhalten. Danach heißt es weiter (Urk. I 42, 8): *rdj·in ḥm·f itj·tw n·f ȝʿw n sš* „Seine Majestät veranlaßte, daß man ihm das ‚Futteral' des Schriftzeugs bringe." Auch hier wieder sehen wir den König, wie er im Kreise seines Hofstaates eine Anweisung gibt, die sich in keiner Weise von einer derartigen Verfügung im Hause irgendeines Großen unterscheiden würde. Es ist nicht der Herrscher Ägyptens, der hier spricht, denn als solcher würde er dekretive Befehle (*wḏw*) treffen, sondern der

---

107) Urk. I 53, 2—3; s. u. S. 60.
108) S. o. Anm. 60.

König als Mensch gibt seine Anordnungen. *ꜣꜥw n sš* ist in seiner Bedeutung nicht ganz geklärt. Es ist entweder das Futteral mit dem Schreibzeug, oder, was an dieser Stelle wahrscheinlich erscheint, ein Behälter für Schriftrollen. Ein Behälter dieser Art findet sich mehrfach in den Darstellungen der Mastabas, weshalb ich die letztere Erklärung vorziehen möchte[109]). Die Situation scheint mir dabei auszudrücken, daß der König die Heilkundigen in seinem Hofstaat zusammenruft und sie nach der Möglichkeit einer Heilung für den Verunglückten befragte. Die Antwort durch seinen Hofstaat fehlt uns, doch möchte ich annehmen, daß dieselbe entweder negativ war, oder aber, daß auf ein bestimmtes medizinisches Werk verwiesen wurde, das sich der König daraufhin bringen läßt[110]). Es scheint aber, daß das ärztliche Urteil richtig war, denn als nächstes lesen wir in der Inschrift (Urk. I 42, 11) *ḏd·śn ḥr ḥm·f wnt·f dbꜣḫ·f* „sie sagten zu seiner Majestät, daß er ohnmächtig wurde".

Das sich daran anschließende (Urk. I 42,13) *wn·in ḥm·f ḥr dwꜣ n Rꜥ* „Da betete seine Majestät zu Reʿ für (ihn?)" ist sehr aufschlußreich. Nichts ist hier von einer göttlichen Stellung des Königs zu erkennen, sondern der König richtet angesichts seines sterbenden Untertanen sein Gebet zu Reʿ. Und wenn es dann weiter heißt (Urk. I 42, 14—15) *ḏd ḥm·f irr·f ḫt nb r iśt-ib(·i) iw(·i) r·f r ẖnw-ꜥ* „seine Majestät sagte: er tat alles nach meinem Wunsche. Ich werde zu ihm kommen zum Palast", so fügt sich dies gut in die allgemeine Tendenz, wie sie sich uns aus der Inschrift entgegenstrahlt. Nicht als Herrscher sagt der König diese Worte, sondern ein warmer, menschlicher Ton spricht aus diesen und es ist der Mensch, der das königliche Amt innehat, der so vor uns steht. Dies ist besonders deutlich aus dem *irr·f ḫt nb r iśt-ib(·i)*, das uns in anderem Zusammenhang noch später beschäftigen wird[111]). Die Verwendung des Suffixes *·i* in diesem Falle ist äußerst bezeichnend, zeigt es doch, daß es nicht auf die Amtstätigkeit des Untertanen anspielt, sondern daß es das persönliche Verhältnis, das den König mit seinem höchsten Beamten verband, zum Ausdruck bringt. Es ist nicht auf Grund der Pflichterfüllung des *WꜣšPtḥ* im Rahmen des Staates, daß der König solch persönliches Interesse in das Unglück des Mannes zeigt, sondern es ist sein menschliches Gefühl, das ihn mit seinem Untertanen verbindet. Es ist der König als Mensch, der den Sterbenden besucht, um ihm auf diese Weise seine persönliche Verbundenheit zum Ausdruck zu bringen. Eine reine Amtserfüllung konnte nicht zu solch ungewohnten Schritten führen, denn sie liegt im Rahmen des gottgesetzten Königtums, und die Erfüllung des Amtes ist nicht Dienst an einem bestimmten König, sondern am Königtum selbst.

Dasselbe Bild eines engen persönlichen Verhältnisses zwischen dem König und seinen Untergebenen spiegelt sich auch in den erhaltenen königlichen Briefen, insbesondere in denen des Königs *ʾIssj*. So heißt es in der Einleitung eines derselben (Urk. I 60, 16): *iw mꜣꜣ·n ḥm(·i) mḏꜣt·k tn irt·n·k r rdt rḫ ḥm(·i) ḫt nb* „(Meine) Majestät hat diesen deinen Brief gesehen, den du gemacht hast, um (meine) Majestät alles wissen zu lassen". Diese Einleitung ist besonders

---

109) So LD II 22.

110) Die Möglichkeit klingt an die Stelle im Pap. Westcar an, wo der König nach dem Buche des Thoth fragt.

111) S. u. S. 85.

interessant im Vergleich mit dem bei *Ḫrḫwf* aufgezeichneten Brief Pepi' II., in dem es von dem Briefe des *Ḫrḫwf* an den Hof heißt (Urk. I 128, 5—7): .... *mḏ3t·k tn irt·n·k ḫr njśwt r ist r rdt rḫ·tw* ,,diesen deinen Brief, den du für den König zur Residenz gemacht hast, damit man weiß". Hier sehen wir eine völlig andere, durchaus unpersönliche Situation. *Ḫrḫwf* schrieb seinen Brief offensichtlich nicht zur persönlichen Benachrichtigung des Königs, sondern sandte ein offizielles Schreiben zur Residenz als Sitz des Herrschers. Die besondere Situation, aus der heraus sich der amtliche Stil des späteren Briefes erklärt, wurde oben eingehend besprochen[112]). Gerade aus dem Vergleich dieser beiden Dokumente zeigt sich deutlich die wesentliche Verschiedenheit der beiden Begriffe *njśwt* und *ḥm* in seiner Anwendung. *Ḫrḫwf*, der einen offiziellen Bericht über seine Expedition an den Hof des unmündigen Pepi II. schickte, verwendet die Bezeichnung *njśwt* für den Adressaten seines Schreibens.

Völlig anders ist die Situation bei *Śnḏmib*. Ihm ist der König persönlich gut bekannt, und er richtet seine Schreiben nicht offiziell an den Hof, sondern direkt an die Person des Königs, der ein starkes Interesse an der Tätigkeit seines Beamten zeigt, das weit über den Rahmen seiner Herrschertätigkeit hinausgeht. Wenn es heißt *iw m33 ḥm(·i)* ,,(Meine) Majestät hat gesehen", so heißt das, daß der König selbst den Brief von *Śnḏmib* gesehen hat, wie ja derselbe auch dazu bestimmt war *r rdt rḫ ḥm(·i)*, den König persönlich über die Arbeit des *Śnḏmib* zu unterrichten. Deutlich ist der Unterschied zu dem vorher erwähnten offiziellen Schreiben, in dem es *r rdt rḫ·tw* ,,damit man weiß" heißt, wobei das *tw* sich nicht auf die persönliche Kenntnisnahme des Königs bezieht, sondern auf die offizielle Form der Benachrichtigung.

In gleicher Weise heißt es auch in einem anderen Briefe des *ʾIssj* an *Śnḏmib* (Urk. I 62, 16—17): *iw m33·n ḥm(·i) śnṯw pn rdj·n·k inj·tw·f r śj3(·i) m śtp-s3* ,,(Meine) Majestät sah diesen Plan, den du bringen ließest zu meiner Kenntnis im Palast". Hier bezieht sich der König nicht auf einen vorhergegangenen Brief des *Śnḏmib*, sondern auf einen architektonischen Plan (Grundriß), den *Śnḏmib* ihm zustellte. Auch hier handelt es sich nicht um einen offiziellen Report, sondern um eine persönliche Mitteilung, besonders auf seiten des Königs an seinen Beamten. *Ḥm(·i)* ist aller Wahrscheinlichkeit nach in *r śj3(·i)* mit dem Suffix *·i* wiedergegeben, was erneut den persönlichen Charakter des Textes unterstreicht. Wir haben hier nicht den König als Herrscher vor uns, sondern den Menschen, der großes Interesse an der Tätigkeit seines Architekten bekundet.

In demselben Briefe heißt es an anderer Stelle (Urk. I 63, 2—3): *śk ṯw ḏd·k ḫr ḥm(·i) wnt* .... ,,Siehe, du sagtest zu (meiner) Majestät ...." wobei dann berichtet wird, daß *Śnḏmib* Nachricht gab, daß er das aufgetragene Gebäude der Anordnung gemäß ausgeführt habe. In einem früheren Briefe, der sich auf dieselbe Angelegenheit bezieht, heißt es in ganz ähnlicher Weise (Urk. I 62, 1): *śk tw ḏd·k ḫr ḥm(·i) wnt·k r irt š ḫft ḏdt(.i) m śtp-s3* ,,Siehe, du sagtest zu (meiner) Majestät, daß du das *š* machen wirst, gemäß dem, was ich gesagt habe im Palast". Vgl. dazu die parallele, aber nur unvollständig erhaltene Aussage in Urk. I 62, 3. In allen diesen Fällen nimmt der König Bezug auf seine persönliche Unterredung, die er mit seinem Architekten hatte und

---

112) S. o. S. 32f.

bei der derselbe versprach, den Wunsch des Königs auszuführen. Es handelt sich dabei allem Anschein nach nicht um einen offiziellen Auftrag, zumindest kleidet ihn der König in eine derartige Form, da er die Erteilung seines Auftrags als *ḏd* bezeichnet, was nicht als Befehl gewertet werden kann.

Auch in dem Brief des Königs *ʾIssj* an *Rʿšpšš* finden wir dasselbe persönliche Verhältnis, ja sogar in noch wärmere Worte gekleidet. So heißt es am Anfang des Schreibens (Urk. I 179, 13): *iw mꜣꜣ·n ḥm(·i) sš pn nfrwj rdj·n·k inj·tw·f m štp-sꜣ* „(Meine) Majestät sah diesen sehr schönen Brief, den du bringen ließest aus dem Palast . . .". Wie schon zuvor, ist es auch hier der König selbst, der den Brief zur Einsicht nimmt. Aus der Formulierung dieser Einleitung ist wohl richtig zu schließen, daß der König zur Zeit des Erhalts des Schreibens nicht in der Residenz war, sondern dort von seinem Vezir vertreten wurde, da *inj m* nur „bringen aus" einem Ort bezeichnen kann. Wenn der König dann in seinem Schreiben fortfährt (Urk. I 179, 16) *mrj ḥm(·i) mꜣꜣ sš·k pn r ḫt nb* „(Meine) Majestät ‚liebt' das Sehen deines Briefes sehr", so kann keinerlei Zweifel bestehen, daß diese Aussage die persönlichen Gefühle des Königs zum Ausdruck bringt, in keiner Weise aber direkt mit seinem Herrscheramte verbunden ist. Als Repräsentant der Königsherrschaft über Ägypten konnte er solche Worte nicht gebrauchen, da er ja, wie oben gezeigt wurde, in dieser Funktion Verkörperung der göttlichen Ordnung war.

Am Schlusse seines Schreibens gibt der König dem *Rʿšpšš* eine feierlich, jedoch persönlich gehaltene Versicherung (Urk. I 180, 8—10): *ʿnḫ ʾIssj ḏt ḏd·k šꜣr·k nb n ḥm(·i) r mḏꜣt·k ḥrj-ʿw m hrw pn rdj ḥm(·i) irj·tw·f ḥrj-ʿw* „So wahr *ʾIssj* ewig lebt, wenn du irgendeinen deiner Wünsche zu (meiner) Majestät sagen solltest durch einen Brief von dir sofort an diesem Tage, (meine) Majestät wird veranlassen, daß es gemacht wird sofort". Auch hier haben wir eine persönliche Versicherung des Pharao an seinen Beamten, die dabei stark an die oben besprochene Stelle in der Inschrift des *Njʿnḫšḫmt* erinnert[113]). Daß es sich hierbei nicht um eine offizielle Zusicherung handelt, sondern sie einzig aus den persönlichen Intentionen des Königs hervorgeht, zeigt sich aus zwei Momenten in der Formulierung. Wohl setzt der König hier seinen Namen, doch ist derselbe nicht von den königlichen Herrschaftstiteln *njšwt-bjtj* begleitet und entspricht daher weitgehend der Verwendung der ersten Person, wie wir sie in der ähnlichen Zusicherung in *Njʿnḫšḫmt*'s Inschrift gefunden haben[114]). Weiter ist zu beachten, daß der König „Anweisung" zur Erfüllung der Wünsche geben wird (*rdj irj·tw*), also keine Befehle, wie sie im Rahmen der Ausübung der Herrschaftsrechte über Ägypten erfolgen würden.

Ganz ähnlich heißt es auch in der zeitlich nahe verwandten Inschrift des *Kꜣmṯnnt* (Urk. I 181, 11—12): *ḏd·in ḥm·f ḏd n(·i) šꜣr·k ḫꜣ* „Seine Majestät sagte: Sage mir deine tausend Wünsche!" Auch hier herrscht ein persönliches Verhältnis zwischen König und Angesprochenem vor, aus dem heraus eine Aufforderung solcher Art erklärlich ist.

Als nächstes möchte ich mich erneut dem bereits oben erwähnten Briefe des jugendlichen Pepi II. an *Ḥrḫwf* zuwenden, der eine Antwort auf eine offizielle Benachrichtigung des Hofes über den Erfolg von *Ḥrḫwf*'s Expedition darstellt. Stilistisch bereitet das königliche Schreiben große Schwierigkeiten

---

113) S. o. S. 53.

114) S. u. S. 85f.

wegen seiner starken Unausgeglichenheit. Das ist wohl darauf zurückzuführen, daß Teile des Briefes nach dem Diktat, bzw. nach der Anweisung des jugendlichen Herrschers, geschrieben wurden, andere dagegen das ausschließliche Produkt der königlichen Kanzlei darstellen. Eine genaue Untersuchung nach diesem Gesichtspunkt erscheint äußerst lohnend, kann aber keinesfalls an dieser Stelle unternommen werden. Es ist sicherlich bezeichnend, daß der König in der gesamten Einleitung nicht direkt Erwähnung findet, wo es sich um den offiziellen Bericht des *Ḥrḫwf* handelt. Daran anschließend heißt es (Urk. I 129, 2—3): *ḏd·n·k ḫr ḥm(·i) iwt sp int mjt·f in kj nb* · · · · · · · „Du sagtest zu (meiner) Majestät: Niemals wurde ein ihm Gleicher von irgend jemand anderem gebracht . . .“ Der Gedanke, der hierin ausgesprochen wird, ist eigentlich bereits im vorhergehenden Satze enthalten. Man hat beinahe den Eindruck, als wenn in diesem Moment das Interesse des jungen Monarchen erwachte, als er aus dem offiziellen Vortrag heraushörte, daß eine derartige Tat niemals vorher vollbracht wurde. Wenn man sich in die Lage versetzt, wie sie der Brief schildert, so ist diese königliche Aussage eine Mischung von Frage und Stolz, einesteils eine gewisse Unsicherheit, andererseits aber auch ein starkes Geltungsbewußtsein zum Ausdruck bringend. Obwohl *Ḥrḫwf*'s Bericht ja als offizielle Benachrichtigung an den Herrscher (*njśwt*) gesandt wurde, erscheint in diesem Moment, in dem sich der König persönlich angesprochen fühlt, nicht *njśwt*, sondern *ḥm*, was erneut den spezifischen Charakter dieser Bezeichnung unter Beweis stellt.

Wenn es dann weiter heißt (Urk. I 129, 8): *iw ḥm·f r irt š3rw·k ʿš3w iḳrw* „Seine Majestät wird deine zahlreichen und trefflichen Wünsche erfüllen“, so spricht hier wohl nicht der jugendliche König persönlich, aber der Schreiber aus der Kanzlei versichert nichtsdestoweniger dem *Ḥrḫwf*, daß der König ihm seine Wünsche erfüllen werde. Wie wir bereits oben mehrfach gesehen haben, liegt die Erfüllung von „Wünschen“ (*š3r*) nicht im Bereich des Herrschers, sondern hängt vom persönlichen Willen des Regenten ab, womit sich erneut ergibt, daß *ḥm* hier auf die Person des Königs, nicht aber auf den Herrscher auf dem Thron des Horus Beziehung nimmt.

Eine eindeutig persönliche Feststellung finden wir auch in der bereits genannten Inschrift des *K3mṯnnt* (Urk. I 183, 9): *ḏd·in ḥm·f iw(·i) mj śḳdwt Rʿ m š ʿ3* „Seine Majestät sagte: Ich bin (scil. fühle mich) wie das Kreuzen des Reʿ im großen Gewässer“. Die persönliche Note ist unzweideutig erkennbar. Interessant ist dabei der Vergleich, den der König hier ausspricht, indem er seine Bootfahrt mit dem Kreuzen des Reʿ vergleicht, woraus aber keineswegs eine göttliche Natur des Königs abgeleitet werden kann[115]).

Andere Aussagen des Königs, die sich in derselben Inschrift finden, sind leider nur sehr fragmentarisch erhalten. So heißt es (Urk. I 183, 11—12): *ḏd·in ḥm·f* · · · · · · · · · · · · · *njś·tw s3b ṯ3j t3jt*[116]) *Rʿšpśś m śtp s3* „Es sagte seine

---

[115]) Auffällig ist, daß nach Reʿ kein Götterzeichen als Determinativ gesetzt ist. Es ist daher fraglich, ob hier der Gott gemeint ist oder ob der Vergleich mit dem Wandel der Sonne gezogen ist.

[116]) Die abweichende Lesung des Vezirtitels muß an anderer Stelle besprochen werden. Die Amtsbezeichnung ist eine Zusammenziehung der Elemente *s3b* und *ṯ3j*, die beide in Relation zu *ṯ3jt* stehen.

Majestät . . . . man soll rufen den Vezir *Rʿšpśś* aus der Residenz". Daß dieser Satz mit dem einleitenden *ḏd·in ḥm·f* zu verbinden ist, scheint wohl sicher, da es sich um ein Zitat handelt. Die Einberufung des Vezirs *Rʿšpśś* aus der Residenz zeigt, daß derselbe zu dieser Zeit nicht mit dem König zusammen war, was auch durch den oben erwähnten Brief des *ʾIssj* bestätigt wird[117]). Beide Texte sind miteinander zu verbinden, wobei leider nicht genau zu erkennen ist, welche Gründe den König aus der Residenz abberiefen. Zwei weitere Aussagen ähnlicher Art sind zu unsicher, daß sie von irgendwelcher Hilfe für unsere Untersuchung sein könnten (Urk. I 183, 14; 185, 2).

Ein besonders eindringlicher Beleg für die Verwendung von *ḥm* ist die Inschrift des *Rʿwr*, die bereits in anderem Zusammenhang erwähnt wurde. *Rʿwr* beschreibt uns darin ein Ereignis, das im Rahmen eines offiziellen Festes geschah und das für ihn wohl recht bedeutsame Folgen hätte haben können. Die Inschrift beginnt damit, daß sie das zeremonielle Erscheinen des Königs (*ʿḫʿ*) und zwar als *bjtj* berichtet[118]). Sie setzt dann fort (Urk. I 232, 6): *śk śm Rʿwr tp-rdwj ḥm·f* ········ „Der *Sem*-Priester *Rʿwr* war vor seiner Majestät . . .". Der Wechsel der Bezeichnung für den König ist hier sehr deutlich. Erst hören wir über das offizielle Auftreten des Herrschers, während in dem Moment, wo auf die Person des Königs Bezug genommen wird, nicht mehr der Ausdruck *njśwt* gebraucht wird, sondern dafür *ḥm* eintritt. Weiter heißt es dann (Urk. I 232, 8): *ḫśf ꜣmś wn m ʿ ḥm·f r rd n śm Rʿwr* „Die *ꜣmś*-Keule, die in der Hand seiner Majestät war, schlug an das Bein des *Sem*-Priesters *Rʿwr*". Auch hier wird direkt über die Person des Königs gesprochen und nicht über dessen Herrscherstellung, wie er nämlich die Keule als eines seiner Insignien im Arm hält. Die Bedeutung des unbeabsichtigten Schlages ist uns nicht genauer bekannt, doch geht aus der Inschrift deutlich hervor, daß diese Geste besondere, für den Betroffenen unangenehme Folgen hatte. So bemüht sich auch der König sofort, die Konsequenzen seiner unbeabsichtigten Handlung zu annullieren, indem er sich zuerst an den Betroffenen und dann an seine Begleitung wendet und ausdrücklich feststellt, daß dieser Schlag nicht beabsichtigt war. Der ägyptische Text sagt (Urk. I 232, 9—11): *ḏd ḥm·f r·f wḏꜣ·tj ḫrw ḥm·f śk ḏd·n ḥm·f mrj n ḥm(·i) wḏꜣ·f wrt nj śkr(·i ?) n·f* „Seine Majestät sagte zu ihm: Du bist gut! so sagte seine Majestät. Ferner sagte seine Majestät: Geliebte (meiner) Majestät, er ist sehr gut! Nicht war (mein) Schlag für ihn!"[119]). Das ist nicht der Herrscher als gottgesetzter Repräsentant des ägyptischen Königtums, der hier spricht, sondern das ist der Mensch, der Träger der Krone ist.

Die häufigste Verbindung geht die Bezeichnung *ḥm* mit dem Verbum *rdj* ein. Ein vereinzelter, aber gerade deshalb besonders interessanter Beleg ist Urk. I 52, 2 *rdj ḥm·f n·f sꜣt-njśwt śmśwt Ḫʿmꜣʿt m ḥmt·f* „Seine Majestät gab ihm die älteste Königstochter *Ḫʿmꜣʿt* als seine Frau". Da ja die Verheiratung der ‚Königstochter' mit einem hohen Beamten kein dekretiver Akt im Rahmen der Staatsherrschaft ist, so erklärt sich die Verwendung von *ḥm* von selbst. Auffallend jedoch ist, daß die ‚Königskinder' nicht mit der menschlichen

---

[117]) S. o. S. 57.

[118]) Vgl. WB III 239,15. Die Bedeutung der Verwendung von *bjtj* an dieser Stelle ist nicht ersichtlich.

[119]) Vgl. dazu auch Grapow-Festschrift 96.

Person des Königs, dem *ḥm* in Verbindung gebracht werden, sondern daß die für sie gebrauchte Bezeichnung *sꜣ-njśwt* mit dem Herrscherprädikat geformt ist. Ein zwingender Grund scheint nicht direkt ersichtlich und eine Erklärung ist wohl nicht so sehr in ihrer physischen Verbindung zum König als vielmehr in ihrer Stellung im Rahmen des Königtums zu sehen. Wenn zumindest seit der V. Dynastie die Bezeichnung *sꜣ-njśwt* an hohe Beamte vergeben wird, die nicht direkt mit dem Königshaus in Blutsverbindung stehen, so ist das nur möglich, weil *sꜣ-njśwt* allem Anschein nach von Haus aus keine Familienbande zur menschlichen Person des Königs zum Ausdruck bringt, sondern vielmehr im Aufbau des Königtums begründet liegt. Es ist die besondere Stellung, die jene Beamten einnehmen, durch die sie *sꜣ-njśwt* werden, und wir haben somit in einer derartigen Anwendung der Bezeichnung nicht so sehr einen Ehrentitel zu sehen, als vielmehr eine in der Struktur des Königtums verankerte Position[120]).

Zu dem in der gleichen Inschrift vorkommenden (Urk. I 53, 2—3) *rdj ḥm·f śn·f rd·f nn rdj·n ḥm·f śn·f tꜣ* „Seine Majestät ließ ihn sein Bein küssen und nicht erlaubte seine Majestät, daß er den Boden küsse" hatten wir bereits früher eine ähnliche Stelle[121]). Die Verbindung von *ḥm* und *rd* zeigt erneut den physischen Charakter der damit bezeichneten Person des Königs.

Śnḏmib-ꜣIntj, dessen Inschrift uns schon mehrfach beschäftigte, berichtet über eine besondere Auszeichnung, die ihm durch den König zuteil wurde. Er sagt (Urk. I 60, 3—6): *rdj ḥm·f ṯst·f r ḫḫ(·i)* ········· *rdj ḥm·f wrḥt m ꜥnḏw śmꜥr·tw iwf(·i) r gś ḥm·f in śḥḏ-pr-ꜥꜣ* ········· *n śp irj·tw mjtt r gś njśwt n s nb* „Seine Majestät gab seinen Halsschmuck an (meinen) Hals . . . . Seine Majestät gab Salbe aus Myrrhen; (mein) Fleisch wurde bekleidet in Gegenwart seiner Majestät durch den *śḥḏ-pr-ꜥꜣ* . . . . Niemals tat man ein Gleiches irgendjemanden in Gegenwart des Herrschers (*njśwt*)"[122]). Der Anfang, in dem der König selbst als Handelnder auftritt, ist nach den bisherigen Ausführungen ohne weiteres verständlich und bedarf keiner weiteren Erklärung. Besonderes Interesse aber verlangt die Parallele zwischen dem *r gś ḥm·f* und *r gś njśwt*. Der Unterschied zwischen den beiden Bezeichnungen liegt in den besonderen Situationen, die sie zum Gegenstand haben, begründet. Im ersten Fall handelt es sich um eine Aktion, die in der persönlichen Gegenwart des Königs ausgeführt wurde, wobei dieser zu jenem Zeitpunkt nicht im Aspekt des Herrschers auftrat, sondern hiemit nur die persönliche Anwesenheit des Königs zum Ausdruck gebracht werden soll. Wie in den vorhergehenden Zeilen, zu denen diese Aussage unbedingt hinzuzurechnen ist, handelt es sich auf seiten des Königs nicht um eine Ausübung seines Herrscherrechtes, sondern um eine persönliche Auszeichnung des zu Ehrenden. Davon unterscheidet sich grundsätzlich der zweite Fall, wo *r gś njśwt* verwendet ist. Hier haben wir eine prinzipielle Feststellung, die nicht auf einen bestimmten Pharao Bezug hat, sondern auf die Gesamtheit der Könige auf dem Throne Ägyptens angewendet ist[123]). Da *ḥm*

---

[120]) Zu der Frage vgl. Junker, Giza I 152 und II 32, sowie Federn WZKM 42 (1935) 172ff.

[121]) S. o. S. 54.

[122]) Vgl. dazu die verwandte Stelle Urk. I 43,11.

[123]) S. o. S. 31f.

die jeweils lebende Verkörperung des Königtums, bzw. genauer ausgedrückt, den menschlichen Aspekt des Trägers des Herrschertums zum Ausdruck bringt, kann die Bezeichnung immer nur auf den jeweils lebenden Pharao angewendet werden und kennt darüber hinaus keinen Plural. Im Moment, wo der König verstirbt, tritt sein menschlicher Aspekt hinter seinem Amte zurück, denn mit seinem Tode löst er sich aus der Verbundenheit mit dieser Erde heraus und das auf Erden innegehabte Amt wird seine dominierende Natur. Daraus ergibt sich aber, daß für einen verstorbenen König die Bezeichnung *ḥm* nicht gebraucht werden kann, denn das Primäre, das damit zum Ausdruck gebracht wird, nämlich der menschliche Aspekt, löst sich mit dem Tode auf. Es ist aus diesem Grunde auch verständlich, warum in den Pyramidentexten, die für den toten Herrscher geschrieben sind, der Terminus *ḥm* nicht vorkommt, da der tote Pharao seiner materiellen Verkörperung, nämlich gerade des *ḥm*, verlustig geht.

In einem leider weitgehend zerstörten Text finden wir in derselben Inschrift den Satz (Urk. I 65, 2): *iw rdj n ḥm·f ḫtm wḏw r·ś m śḏ3t nt śrw* (?) „Seine Majestät ließ Befehle ihretwegen siegeln mit dem Siegel des *śrw* (?)“[124]. Durch den Mangel an zusammenhängendem Text ist es schwer, die genaue Bedeutung der Stelle zu ermessen. Wir haben es hier offenbar nicht mit einem dekretiven Akt zu tun, sondern mit der Ausstellung von Urkunden, wobei das dabei besonders genannte Siegel, mit dem dieselben unterfertigt werden, weder in der Lesung noch in der Bedeutung klar ist[125].

Gleichfalls in lückenhaftem Zusammenhang finden wir die Stelle (Urk. I 86, 9) *rdj ḥm·f prj śmr Rʿwr* „Seine Majestät ließ den *śmr Rʿwr* herausgehen“ und in derselben Inschrift (Urk. I 87, 4) *rdj·n ḥm·f ḫd* „Seine Majestät ließ nordwärts fahren ...“. In beiden Fällen geht die Veranlassung vom König aus, doch ist sie nicht direkt als Befehl zu betrachten, und schon gar nicht kommt sie einem *wḏw-njśwt* gleich.

Ähnliche Anweisungen finden sich auch sonst oft, so in der Biographie des *Wnj*, wenn derselbe seinen Herrn (*ḥm n nb*) ersucht, Anweisung zu geben, eine Grabausstattung für ihn zu bringen. Nachdem *Wnj* um dieselbe gebeten hat, heißt es (Urk. I 99, 12): *rdj ḥm·f ḏ3j śḏ3tj-nṯr* ······ „Seine Majestät ließ den *śḏ3tj-nṯr* übersetzen ...“. Wir sehen also, daß nach dem Vortrag der Bitte der König die notwendigen Anweisungen gibt, um dieselbe zu erfüllen. Die Stelle ist im Aufbau nahe verwandt mit der oben besprochenen aus der Inschrift des *Njʿnḫśḫmt*[126]. In gleicher Form finden wir dies in der wesentlich späteren Inschrift des *Ḏʿw* von Deir el Gebrawi. Auf die Bitte um eine Grabausstattung, die wie in den bisher besprochenen Fällen nicht dem König als *ḥm* vorgetragen wird, sondern wofür die formelle Anrede des Königs als Herrscher gebraucht wird, heißt es (Urk. I 146, 10): *iw rdj·n ḥm·f inj·tw Ḫntj-š krśw* ······· „Seine Majestät veranlaßte, daß man einen Sarg aus Libanonholz bringe ...“. Wesentlich ist dabei immer der Unterschied, der zwischen der Form der Bitte und den vom König (*ḥm*) daraufhin getroffenen Maßnahmen besteht.

---

[124]) Vgl. dazu die verwandte Stelle Urk. I 66, 10—11 *iw irj·n n·śn ḥm·f wḏw r ḥswt·śn* „Seine Majestät machte für sie Befehle über ihre Belohnung“.

[125]) Die Hieroglyphe ähnelt der in Urk. I 63, 8 vorkommenden, die vielleicht *ḏśrw* zu lesen ist. Für den Ausdruck vgl. WB V 615, 12

[126]) S. o. S. 52f.

In ähnlicher Weise finden wir einen derartigen Hinweis auf Vergebung der Grabausstattung, bzw. des Totenopfers durch den König in der Inschrift des *K3mṯnnt*, wo jedoch die vorher anzunehmende Erwähnung der Bitte nicht erhalten ist (Urk. I 184, 3): *rdj·in ḥm·f śmn·tw n(·i) prt-ḫrw m śwt nbt nt ẖnw* „Seine Majestät ließ für (mich) ein Totenopfer aus allen ‚Stellen' der Residenz festsetzen". *M śwt nbt nt ẖnw* ist sicherlich nicht als „in allen Stellen der Residenz" zu übersetzen, sondern bezeichnet die Verwaltungsbehörden, aus denen die für den Totenkult notwendigen Naturalien geliefert wurden, wie dies in den Inschriften Urk. I 177—178 im einzelnen angegeben ist.

Gleichfalls als Auszeichnung für geleistete Dienste finden wir eine andere Art der Belohnung, die nur für den Lebenden bestimmt ist. So heißt es in der Inschrift des *Nḫbw* (Urk. I 220, 9; 221, 10) *rdj n (·i) ḥm·f nbw t3 ḥnḳt* „Seine Majestät gab mir Gold (des Lebens), Brot und Bier ..." Hier handelt es sich offensichtlich um eine materielle Anerkennung für geleistete Dienste, wie wir sie besonders in späterer Zeit häufig genannt finden. Auch hier ist der König direkt als Veranlasser genannt, und die ehrende Auszeichnung wird durch ihn vergeben, ohne daß seine Herrscherstellung dabei genannt wird.

In diesem Zusammenhang müssen auch jene Fälle genannt werden, wo eine Ernennung zu einem Amte durch *rdj* ausgedrückt wird. Sie sind ausschließlich auf die Biographie des *Wnj* beschränkt, in der allgemein ein starkes Überwiegen der Bezeichnung *ḥm*, insbesondere für die Regierung von Pepi I., zu finden ist. So spricht er an drei Stellen über eine Ernennung, die ihm zuteil wurde mit den Worten (Urk. I 98, 16; 99, 3; 100, 7): *rdj wj ḥm·f m i3wt nt* „Seine Majestät gab mich in das Amt eines ..." Im Zusammenhang mit der Ernennung zur höchsten Stellung, die *Wnj* im Rahmen seiner Laufbahn erreichte, die eines „Vorstehers von Oberägypten", sagt er dann nicht mehr *ḥm·f*, sondern setzt dafür das formelle *njśwt-bjtj Mrnrʿ* (Urk. I 105, 12)[127]). Wir haben nicht genügend Belege für die Beschreibung von Ernennungen, um mit Sicherheit schließen zu können, ob hier eine unterschiedliche Bewertung der Aussagen je nach dem Range, zu dem die Beförderung erfolgte, zu treffen ist. Es hat jedenfalls den Anschein, daß nur für das verhältnismäßig hohe Amt eines *ḥ3tj-ʿ imj-r3 šmʿ* ein direkter Verwaltungsakt vorzuliegen hatte, während für die Ernennung zu niedrigeren Ämtern kein besonderer formeller Schritt notwendig war, sondern eine solche vom König aus seiner menschlichen Stellung als König getroffen werden konnte[128]).

In engem Zusammenhang mit dieser Frage steht auch eine Stelle in der Inschrift des *Ḏʿw*. Darin heißt es am Ende (Urk. I 147, 13—15): *iw dbḥ·n(·i) m-ʿ ...... nḏ(·i) i3wt nt ḥ3tj-ʿ n Ḏʿw pn iw rdj·n ḥm·f irj·tw wḏw n rdt·f m ḥ3tj-ʿ* „Ich erbat von ....., daß ich ernannt werde zum Amte des *ḥ3tj-ʿ* dieses *Ḏʿw*. Seine Majestät veranlaßte, daß man einen Befehl für seine Ernennung als *ḥ3tj-ʿ* machte". Die Stelle ist in ihrem Aufbau parallel zu den Bitten um eine Grabausstattung zu werten, die früher besprochen wurden. Auch hier finden wir erst den Vortrag des Anliegens, woran sich sofort die vom König für die Er-

---

[127]) S. o. S. 8f.

[128]) Befremdend ist die Ernennung durch *ḥm·f* in der leider zerstörten Stelle Urk. I 84, 15 (ähnlich auch 85, 9), wo man eigentlich eine andere Formulierung erwarten würde.

füllung getroffenen Anweisungen anschließen, wobei die vorzunehmenden juristischen Schritte, die vom Königtum als Verwaltungszentrum zu tätigen waren, nicht angegeben werden. Sethe ergänzt in der Lücke nach *dbḥ·n(·i)* ein *m-ʿ ḥm·f*. Von der zusammengesetzten Präposition *m-ʿ* sind noch genügend Spuren vorhanden, um sie als gesichert betrachten zu können. In derselben Inschrift erscheint eine weitere Bitte und zwar um eine Grabausrüstung, die an den *ḥm n nb* gerichtet ist. Auch sonst finden wir immer dann, wenn eine derartige Bitte ausgesprochen wird, dieselbe nicht an die Person des Königs direkt adressiert, sondern in ihr die Herrschernatur des Königs angerufen. Es erscheint daher zweifelhaft, ob hier ein *ḥm·f* ergänzt werden kann, da dies in direktem Gegensatz zu den vorhandenen Parallelen, wie auch zu der spezifischen Bedeutungsqualität von *ḥm* stünde. Da der zur Verfügung stehende Raum sehr beschränkt ist, scheint eine Ergänzung *m-ʿ ḥm n nb* nicht möglich. Ich möchte daher vorschlagen, die kürzere Fassung dieses Ausdrucks hier anzunehmen und an dieser Stelle *nb* ergänzen. Man könnte gleichfalls an *njśwt* denken, das ähnliche Qualität wie *nb* hat, doch erscheint dies angesichts des Datums dieser Inschrift, sie fällt in die Regierung von Pepi II., eher zweifelhaft, da mit der VI. Dynastie eine gewisse Vorliebe für die Bezeichnung *nb* an Stelle des älteren *njśwt* zu verzeichnen ist. Der Auftrag, den der König als Antwort auf die Bitte seines Untertanen erteilt, bedarf auch einer genauen Untersuchung. Darin heißt es, daß der König (*ḥm*) „das Machen eines Befehls" veranlaßte. Dieses *ỉrj wḏw* ist an sich kein dekretiver Akt, nämlich keine Verfügung des Befehls, sondern vielmehr ein verwaltungstechnischer, der die Ausstellung der Urkunde beinhaltet[129]). Der herrscherliche Befehl muß demselben vorausgegangen sein, wird aber hier nicht weiter berücksichtigt.

Auch sonst treffen wir die Bezeichnung *ḥm* für den König im Zusammenhang mit administrativen Funktionen, wobei aber niemals der Fall eintritt, daß es sich dabei um die direkte Ausübung der Herrscherrechte, also der mit *njśwt* bezeichneten Position, handelt. In der leider sehr zerstörten Inschrift des *Dbḥnj* kommt an drei Stellen ein *wḏw ḥm·f* vor. Nur in einer derselben ist der Zusammenhang halbwegs erhalten, so daß eine Übersetzung möglich ist. (Urk. I 19,7): *wḏw ỉgr ḥm·f śkj ỉ3t nt ḥmsw* „Seine Majestät befahl das Entfernen des Schutthügels ..." Daß auch hier trotz der Verwendung des Verbums *wḏ* kein Befehl im Staatsinteresse vorliegt, ergibt sich von selbst aus der Situation. *Wḏ* ist vielmehr in einem dem sonst üblichen *rdj* ähnlichen Sinne gebraucht und bringt hier eine persönliche Anweisung des Königs zum Ausdruck, wobei aber das Verbum eine stärkere Betonung als das häufigere *rdj* besitzt. *Wḏ* ist auch sonst in keiner Weise auf den König beschränkt, sondern findet sich ebenso in Verbindung mit Privatleuten, die an ihre Totenpriester auch „Befehle" erlassen können (Urk. I 11, 13), das heißt, Anweisungen, deren Einhaltung verpflichtend ist. Daraus aber ergibt sich, daß *wḏ* nur eine besondere Art des Gebotes bezeichnet, das unbedingte Einhaltung fordert, ansonsten aber in keiner Weise nur auf den König, bzw. auf die Verwaltung des Staates beschränkt bleibt, wodurch eine Verbindung mit der Bezeichnung *ḥm* gleichfalls erklärbar ist. Dieses „Befehlen" des Königs tritt uns somit auch sonst in einer beschränkten Anzahl von Fällen gegenüber. So findet es sich mit der Anweisung über die Aus-

---

129) Vgl. Urk. I 155, 10.

stellung eines Schriftstücks, die die Erlaubnis zur Verewigung einer Begebenheit im Grabe einer Privatperson beinhaltet. So in Urk. I 43, 2; 44, 6 und 232, 13. Es ist dabei vielleicht nicht ohne Bedeutung, daß alle drei Inschriften aus der Regierung desselben Pharao stammen, weshalb die Möglichkeit einer gegenseitigen Abhängigkeit, bzw. einer festgelegten Formulierung, nicht von der Hand zu weisen ist. Das letzte der Beispiele ist bei weitem das ausführlichste und gerade für unsere Untersuchung von großem Interesse. Es heißt darin (Urk. I 232, 13—16): *wḏ ḥm·f wḏ.tw m sš ḥr is·f ntj m ẖrjt-nṯr rdj ḥm·f (irj·tw n·f) ʿ im sš r gś njśwt ḏś·f* „Seine Majestät befahl, daß man es schriftlich niederlege in seinem Grab, das in der Nekropole ist. Seine Majestät veranlaßte, daß man ihm eine Urkunde ausstellte, geschrieben in Gegenwart des Herrschers (*njśwt*)". Auffallend ist hier die Gegenüberstellung von *ḥm* und *njśwt*, wobei das letztere noch das verstärkende *ḏś·f* hat[130]).

Der Ausstellung einer offiziellen Urkunde *r gś njśwt* steht ein Fall gegenüber, wo der König selbst einen Brief an einen seiner Untertanen schrieb. Es handelt sich dabei um einen der bereits früher erwähnten Briefe des *ʾIssj* an *Śnḏmib-ʾIntj* (Urk. I 60, 9): *sš ḥm·f ḏś·f m ḏbʿwj·fj r ḥst(·i) ḥr ḫt nb irt·n(·i)* ...... „Seine Majestät schrieb selbst mit seinen Fingern, um mich zu loben über alle Dinge, die ich gemacht habe . . ." Hier haben wir es mit einem persönlichen Akt des Königs zu tun. Das Schreiben ist daher auch nicht als ein offizielles Dokument zu werten, sondern als Brief, den der König an seinen Beamten in Anerkennung seiner Leistung schrieb. Es ist daher auch bezeichnend, daß hier, wo der König in eigener Person schreibt, nicht *njśwt* sondern *ḥm*, gefolgt von dem verstärkenden *ḏś·f* gebraucht wird, was in Übereinstimmung mit den Ergebnissen unserer bisherigen Untersuchung steht.

Die häufigste Form, in der wir den König in Verbindung mit einer allem Anschein nach offiziellen Aktion finden, ist in Zusammenhang mit dem Verbum *hꜣb* „aussenden", sowohl im Kreise friedlicher Aufgaben, wie der Ausführung von Bauprojekten, wie auch militärischer Operationen. In beiden Fällen handelt es sich sicherlich um offizielle Aufträge, die von den damit betrauten Beamten für die Krone auszuführen waren und doch, so wird man fragen, wird der Terminus *ḥm* und nicht das zu erwartende *njśwt* verwendet. Die Anzahl der Inschriften, in denen derartige Fälle auftreten, ist beschränkt und umfaßt die Biographie des *Wnj*, *Ḥrḫwf*, *Nḫbw*, sowie die Inschrift eines uns unbekannten Mannes. In der Inschrift des *Ppjnḫt-Ḥḳꜣib*, in der gleichfalls zweimal von einem Aussenden (*hꜣb*) gesprochen wird, ist die Bezeichnung *ḥm* nicht gebraucht, sondern dafür das wesentlich formellere *ḥm n nb* gesetzt[131]). Nicht nur, daß diese Inschrift bereits sehr spät in der VI. Dynastie anzusetzen ist, scheint ein Grund für diese Ausdrucksform zu sein, sondern dieser Mann, der in Elephantine beheimatet war, hatte keine persönlichen Beziehungen zum König, und es ist wesentlich, daß in seiner ganzen Biographie *ḥm* nicht ein einziges Mal vorkommt, ja daß auch sonst keinerlei Anzeichen für eine derartige Beziehung in dem Text gegeben sind[132]). Die anderen, oben angeführten

---

[130]) Vgl. dazu das verwandte *ḫtm r gś njśwt ḏś·f*, das oben S. 31 f. besprochen wurde.

[131]) S. u. S. 79.

[132]) Der Text ist darin verwandt mit den Graffiti von Tomâs; siehe oben S. 11 f.

Großen aber hatten alle direkte Beziehungen zum König, wie sich dies aus mehreren Angaben im Rahmen ihrer biographischen Inschriften erweisen läßt. Dies allein kann jedoch nicht die Verwendung der Bezeichnung *ḥm* vollauf rechtfertigen, da ja die Aktionen, zu denen sie ausgesandt werden, im Interesse des Staates liegen und nicht auf die Person des Königs beschränkt sind. Dabei muß beachtet werden, daß *h3b* nicht den offiziellen Befehl wiedergibt, sondern den auf seine Durchführung hinzielenden Auftrag, daß wir hier also eine Situation vor uns haben, wie wir sie bereits früher im Zusammenhang mit der Vergebung von Grabausstattungen gefunden haben[133]). Wie in diesen Fällen, so wird auch hier der eigentlich offizielle Auftrag, der vom Herrscher in seiner Rechtsstellung ausging und offiziellen Charakter trug, übergangen und nur die daraus resultierende Anweisung des Königs, durch die der *wḏw njśwt* verwirklicht wurde, erwähnt. Weiter ist zu beachten, daß gerade durch die in jenen Fällen bestehende persönliche Beziehung zwischen König und Beamten eine derartige Betonung der Person des Königs eine naheliegende Tendenz war, um dadurch dieses für den Beamten so wichtige Verhältnis zu unterstreichen.

Reichlich unklar in ihrer vollen Bedeutung ist die Stelle in *Wnj*'s Biographie (Urk. I 101, 9): *ḫśf·n ḥm·f ḫt n ʿ3mw ḥrjw šʿ* „Seine Majestät wehrte ab die *ʿ3mw*, die in der Wüste wohnten“ [134]). Die Stelle ist insofern unverständlich, als sich daran die Vorbereitungen zu dem Kriegszug anschließen, daß also von einer Abwehr zu diesem Zeitpunkt keinerlei Rede sein kann. Auch nahm der König nicht selbst an dem Unternehmen teil, sondern sandte *Wnj* aus. Es scheint daher notwendig, diese Angabe als eine Art Überschrift bzw. Zusammenfassung für das daran Anschließende zu verstehen, wobei der Sinn wohl eher der ist, daß „seine Majestät beschloß . . .“, woran sich dann die Aufzählung der Maßnahmen anschließt, die der König in dieser Angelegenheit traf. So hören wir (Urk. I 101, 10): *irj·n ḥm·f mšʿ n ḏbʿw ʿš3w* „Seine Majestät machte (scil. versammelte) eine Truppe von vielen Zehntausenden“. Auch hier haben wir es sicher nicht mit einer direkten Beschreibung der königlichen Tätigkeit zu tun, sondern der König gab vielmehr die entsprechenden Anweisungen, wobei, wie in den früher genannten Fällen in Verbindung mit *h3b*, nicht der offizielle Befehl genannt wird, sondern die daraus resultierende Anleitung des Königs.

Nicht weiter erklärbar ist die Stelle in *Wnj*'s Biographie (Urk. I 107, 12—13): *wn ḫt nb wḏwt·n ḥm·f wn ḫpr·n mj ḳd mj wdwt·n nb ḥm·f im* „Alle Dinge, die seine Majestät befohlen hat, geschahen ganz, wie alles, das seine Majestät darüber befohlen hat“. Man würde an dieser Stelle wohl eher *njśwt* erwarten, doch ist gerade in *Wnj's* Text eine starke Betonung der Bezeichnung *ḥm* zu finden. Die starke Aktion, die in dem *wḏwt·n ḥm·f* liegt, scheint den Ausschlag gegeben zu haben, daß hier die Bezeichnung *ḥm* gewählt wurde.

In der großen Zahl findet sich *ḥm* in Verbindung mit Belobungen bzw. Ausdrücken, die die Ehrenstellung des jeweiligen Beamten beim König zum Ausdruck bringen. Auch *njśwt* erscheint in solchen Fällen, doch ist es in seiner Anwendung auf zwei Formulierungen, nämlich *špśś ḫr njśwt* und *mḥ ib n njśwt* beschränkt. Die Verbindungen, die *ḥm* eingeht, sind wesentlich zahlreicher.

---

133) S. o. S. 52f., 61f.

134) Für *ḫśf ḫt n*, vgl. WB III 336, 12.

Neben einem *špšś ẖr ḥm·f* (Urk. I 84, 6; 182, 7), das parallel zu der Formulierung mit *njśwt* steht, haben wir auch eine Parallelkonstruktion zu *mḥ ib n njśwt* in der Form *mḥ ib n ḥm* (Urk. I 99, 7; 100, 4; 101, 1; 105, 16). Diese beiden Ausdrücke, obwohl in ihrer äußeren Gestalt sehr ähnlich der Formulierung mit *njśwt*, sind dennoch von derselben streng zu scheiden. Während im Falle der Konstruktion mit *njśwt* die Ehrenstellung im Rahmen des Königtums zum Ausdruck gebracht wird, sprechen diejenigen mit *ḥm* von einer ehrenvollen Anerkennung direkt durch den König, sind somit auf die Person eines bestimmten Pharao beschränkt. Daneben haben wir Ausdrücke wie *nḫt ib n ḥm·f* (Urk. I 195, 5), ferner *iḳr (·i) ḥr wȝb n ḥm·f* Urk. I 100, 2; 101, 6; 105, 14, daneben auch ein *iḳr·kwi ḥr ḥm·f* (Urk. I 84, 4) sowie *wȝb(·i) ḥr ib n ḥm·f* (Urk. I 100, 3, 17; 105, 16), die alle den gleichen Gedanken, nämlich die geehrte Stellung beim König in unterschiedlicher Formulierung, zum Ausdruck bringen. Einem *ḥrj-śštȝ n ḥm·f* und *imj-ib n ḥm ·f* (Urk. I 59, 13—14) steht eine parallele Formulierung mit *nb·f* aus der gleichen Zeit gegenüber, das aber einen anderen Charakter besitzt.

Diesen Aussagen, die eine geehrte Stellung beim König zum Inhalt haben, stehen die vielen Fälle zur Seite, wo von einer Belobigung durch den König (*ḥm*) gesprochen wird. Es ist hier nicht möglich, alle Belege einzeln durchzugehen, und wir können uns auf eine Auswahl besonders bezeichnender beschränken. So finden wir in der Inschrift des *Śndmib-ʾIntj* die folgende Feststellung (Urk. I 59, 15—16): *śk ḥm·f ḥsj·f wj ḥr kȝt nb wḏwt·n ḥm·f irt wn irr(·i) mj iśt-ib nt ḥm·f r·ś* „Siehe seine Majestät lobte mich wegen jeglicher Arbeit, die seine Majestät zu tun befohlen hat, denn ich tat entsprechend dem Wunsche seiner Majestät deswegen". Ähnlich auch Urk. I 86, 5 *irj·kwj r ḥst wj ḥm·f ḥr·ś* „Ich handelte, so daß mich seine Majestät deswegen lobte". Diese Beispiele lassen sich ohne Schwierigkeiten wesentlich vermehren, doch mögen diese beiden genügen, um zu zeigen, daß es sich dabei immer um eine persönliche Ehrung durch den König handelt.

Ehe es möglich ist, die Untersuchung des Terminus *ḥm* abzuschließen, ist es notwendig, noch auf die Anwendung desselben im Rahmen der königlichen Dekrete näher einzugehen. Diese königlichen Schreiben sind, daran kann kein Zweifel bestehen, offizielle Dokumente und besitzen als solche Gesetzescharakter. Sie sind, wie bereits oben gezeigt wurde, durch den Herrscher in seiner Stellung als *njśwt* erlassen. Trotzdem finden sich gerade in ihnen zahlreiche Belege der Bezeichnung *ḥm*, die nach den bisherigen Ergebnissen unserer Untersuchung immer mit der Person der Königs verbunden ist und nicht dessen offizielle Position als Herrscher bezeichnet. Da diese Art von Inschriften ziemlich streng einem Schema folgen, genügt es, hier ein Beispiel eingehender heranzuziehen, wofür das Dekret Koptos b) (Urk. I 280-83) dienen soll.

Wie bereits früher ausgeführt wurde, sind diese Dokumente als Herrschaftsakte erlassen und tragen daher als Beginn den Vermerk *wḏ njśwt* „der Herrscher hat befohlen". Die einzelnen Bestimmungen aber, die in demselben aufgeführt werden, sind dann nicht durch den König als *njśwt* ausgesprochen. Positive Bestimmungen werden dabei als *iw wḏ·n ḥm(·i)*, negative Klauseln als *n rdj·n ḥm(·i)* formuliert. Am Ende jedes einzelnen Abschnittes wird der jeweilige Inhalt zusammengefaßt und durch eine feierliche Erklärung in der Form *iw wḏ·n njśwt-bjtj* oder aber *m wḏw ḥrj-tp njśwt-bjtj* bestärkt. Wir haben hiermit ein Nebeneinander von zwei verschiedenen Formen, deren jeweilige Bedeutung streng gegeneinander abgegrenzt ist. Nie findet sich eine Formulierung in einer der feierlichen Erklärungen, bei der *ḥm* verwendet würde und umgekehrt gibt es auch keinen Fall, in dem *njśwt-bjtj* im Rahmen einer Einzelbestimmung erscheinen würde. Was hat dieses Nebeneinander zu bedeuten? Der Ägypter erkennt ganz richtig, daß das Dokument, so weit es Gesetzeskraft besitzen soll, nicht durch die Person eines bestimmten Herrschers verfügt sein kann. Daher setzt er immer dort, wo es sich um prinzipielle Punkte in der juristischen Bedeutung der Urkunde handelt, den vollen Titel und Namen des Herrschers und bringt damit zum Ausdruck, daß der Erlaß durch den König als rechtmäßigen Repräsentanten auf dem Thron dekretiert wurde. Andererseits ist er sich darüber im klaren, daß der Herrscher als Verkörperung einer Institution, wie es der *njśwt-bjtj* darstellt, nicht die Formulierung der Einzelbestimmungen setzt, wie sie zur rechtmäßigen Durchführung des herrscherlichen Willens angegeben werden, sondern daß es die menschliche Person des Königs ist, die derartige Anordnungen trifft. Diese Scheidung zwischen Herrschertum auf der einen Seite und der Person des Königs auf der anderen ist für uns schwer nachzuempfinden, da wir eine derartige Trennung nicht kennen. Der in dieser Art von Texten obwaltende Grundzug läßt sich vielleicht am deutlichsten dahingehend formulieren, daß der Herrscher (*njśwt-bjtj*) die Ordnung setzt, also eigentlich rechtschöpferisch ist, die Ausführung dieser Ordnung aber durch Anweisungen, die der menschliche König gibt, erfolgt. Dieses Nebeneinander der zwei Aspekte, die im König vereinigt sind, wird besonders deutlich illustriert durch die Stelle Urk. I 283,16—17: *iw wḏ·n ḥm(·i) ẖwt·śn mj ḫt n Mnw Gbtjw mjn mꜣwj m wḏw ḥrj-tp njśwt-bjtj Nfrkꜣrꜥ ꜥnḫ ḏt r nḥḥ* „(Meine) Majestät befahl ihre Befreiung wie das Eigentum des Min von Koptos heute aufs neue auf den Befehl zugunsten des Königs Neferkareꜥ, er lebe immer und ewiglich". Hier haben wir die beiden Bezeichnungen direkt nebeneinander, wobei der Befehl des Königs als *ḥm* wohl als Anweisung, der unbedingt Folge zu leisten ist, betrachtet werden muß; Gesetzeskraft erhält diese Anweisung aber erst durch das *wḏw ḥrj-tp njśwt-bjtj*, indem es auf diese Weise in die allgemeine Rechtordnung eingebaut wird, deren Repräsentant der König nur in seiner Stellung als *njśwt* ist.

Wenn wir somit unsere Untersuchung der Bedeutung der Bezeichnung *ḥm* für den König zusammenfassen, wie sie sich aus den Angaben bzw. den Zusammenhängen ergibt, die für diesen Terminus aus den Inschriften des Alten Reiches gewonnen werden können, so ergibt sich folgendes Bild: Immer dann, wenn auf die Person des Königs Bezug genommen wird, setzt der Ägypter *ḥm* und scheidet dabei streng von der Verwendung *njśwt*. In allen Fällen, wo der König in Aktion tritt, sei es, daß er Verordnungen erläßt oder aber eine seiner menschlich-physischen Tätigkeiten beschrieben wird, erscheint der Terminus *ḥm*. Das ergibt sich folgerichtig aus der Bedeutung von *njśwt*, das die Verkörperung der Idee des Königtums zum Ausdruck bringt und als solche in statischer Ruhe gedacht ist. Auf der anderen Seite ist der Ausdruck *ḥm* immer auf eine bestimmte Person des Königs bezogen und ist ausschließlich für den lebenden König verwendet. Das ergibt sich daraus, daß ja die körperliche Erscheinung des Königs, wie sie eben durch *ḥm* zum Ausdruck gebracht wird, mit der Lebensfunktion desselben verbunden ist und somit beim Tode eines Pharao erlischt. Daraus ergibt sich auch, daß dieser Ausdruck in den Pyramidentexten nicht aufscheint, da dieselben für den toten Herrscher abgefaßt sind.

Die Grundbedeutung von *ḥm* hat Spiegel in seiner Untersuchung „Die Grundbedeutung des Stammes *ḥm*“ (ZÄS 75 [1939] 112—121) dahingehend gefaßt, daß darin ein altes Wort für „Körper“ vorliegt. Unsere Untersuchung der Verwendung für die Bezeichnung des Königs im Alten Reich bestätigt nicht nur Spiegel's Ergebnisse, sondern vermochte darüber hinaus noch einige wesentliche Resultate zu zeitigen. So findet sich *ḥm* nicht mit der allgemeinen Bedeutung „König“, sondern es ist ein ganz bestimmter Aspekt des Pharao damit gemeint, nämlich die körperliche Erscheinung desselben. Er ist wohl als Träger des Königtums zu betrachten, bleibt aber zu gleicher Zeit immer Mensch, des heißt, er ist nicht „Verkörperung des Königtums“, sondern die körperliche Erscheinung des Königs und als solcher in allen Fällen als Mensch zu betrachten. Für das Verständnis der Texte des Alten Reiches ist gerade diese Erkenntnis von großer Bedeutung, da aus ihr einerseits hervorgeht, daß in dieser frühen Periode noch eine strenge Scheidung zwischen dem Amte des Königtums und der damit verbundenen rechtlichen Stellung auf der einen Seite und dem menschlichen Träger desselben auf der anderen vorgenommen wurde. Im Laufe der Geschichte nähern sich dann diese beiden Pole des ägyptischen Königtums einander, um bereits im ausgehenden Alten Reich die ersten Anzeichen einer Verschmelzung zu zeigen, die sich dann im Neuen Reich vollendet, indem die Scheidung zwischen der menschlichen Person des Königs und dem von ihm ausgeführten Herrscheramte aufgehoben wird. Für das Alte Reich aber, so weit unsere Quellen reichen, bringt *ḥm* primär die menschliche Natur des Königs zum Ausdruck, daher wird auch die eingebürgerte Übersetzung „Majestät“ in keiner Weise der ägyptischen Vorstellung gerecht, da gerade sie die Rechtsnatur zum Ausdruck bringt, ein Wesenszug, der der ägyptischen Bezeichnung *ḥm* völlig fehlt. Gerade in den Fällen, wo der Rechtscharakter des Königs, das heißt seine Stellung als Repräsentant der Rechtsordnung, zum Ausdruck gebracht werden soll, wird diese Bezeichnung nicht verwendet. Wenn trotzdem bei dieser eingebürgerten Übersetzung festgehalten wurde, so geschah dies in erster Linie aus gewohnheitsmäßigen Gründen, wie aber auch aus der Tatsache heraus, daß wir keinen Terminus besitzen, der in seiner Qualität dem ägyptischen *ḥm* entspricht, da für uns eine Scheidung, wie sie der Ägypter vornimmt, in Rechtsnatur und menschliche Natur des Königs, nicht gegeben ist. Trotzdem müssen wir derselben gewahr sein und in den Fällen, wo im Alten Reich durch *ḥm* auf den König Bezug genommen wird, immer im Auge behalten, daß damit nicht der Herrscher als Repräsentant des gottgesetzten Königtums bezeichnet ist, sondern der Mensch, der dieses Amt bekleidet.

Zusammensetzungen mit *ḥm*.

Neben ihrer selbständigen Verwendung erscheint die Bezeichnung *ḥm* auch in zusammengesetzten Ausdrücken. Zwei prinzipielle Arten können dabei unterschieden werden, die jedoch nur in ihrer Formung, nicht aber ihrem Gehalt nach differieren. Es sind dies *ḥm n* mit dem Königsnamen, wobei derselbe entweder allein oder aber in Verbindung mit den königlichen Titeln *njśwt-bjtj* auftritt. Die zweite, hier davon gesonderte Gruppe ist *ḥm n nb*, in der statt des Königsnamens *nb*, gefolgt von einem Götterzeichen, Verwendung findet. Beide Formen haben sowohl in ihrer Anwendung wie auch in ihrem zeitlichen Auftreten wesentlich gemeinsame Züge.

Als erstes möchte ich mich den Zusammensetzungen mit dem Königsnamen zuwenden. Es ist dabei wesentlich festzuhalten, daß alle bis auf zwei Beispiele Könige der VI. Dynastie nennen, ein Umstand, der von wesentlicher Bedeutung ist und auch mit der zeitlichen Verwendung von *ḥm n nb* übereinstimmt, welcher Ausdruck nur aus der VI. Dynastie belegt werden kann. Die beiden Ausnahmen von dieser Regel finden sich in den Inschriften des *Njkȝʿnḫ* aus Tehne, in der detailierte Anweisungen über den Priesterdienst sowie über das daraus erwachsende Einkommen behandelt werden. Der Text ist grundsätzlich juristischer Natur, wodurch er für unsere Untersuchung besonders wertvoll ist. Die beiden uns hier interessierenden Stellen sind (Urk. I 25, 4—6): *iw irw ȝḫt śtȝ 2 in ḥm (n) Mn-kȝw-Rʿ n ḥmw-nṯr ipn r wʿb ḥr·ś* „Zwei Aruren Ackerlandes wurden von der Majestät des Mykerinus gestiftet für diese Priester, um Priesterdienst dafür (oder darauf) zu tun“[135]). Die zweite Stelle (Urk. I 26, 11—12) lautet: *in ḥm n Wśrkȝf wḏw wʿb n Ḥtḥr nbt Rȝ-ʾInt ir ḫt nb śʿk·tj·śj r ḥt-nṯr* „Es war die Majestät des Weserkaf, die anordnete den Priesterdienst für Hathor, die Herrin von *Rȝ-ʾInt*“. Die erste der beiden Stellen ist ohne weiteres verständlich und beinhaltet eine Angabe über die Stiftung von Grundbesitz, der für den Unterhalt der Priester bestimmt war. Andererseits läßt sich das *wʿb ḥr·ś* auch dahingehend verstehen, daß der König die Landgabe mit dem Auftrag vornahm, daß darauf ein Kult verrichtet werde, daß also dieses Gebiet, das an sich nicht besonders groß war, den Temenos eines Kultzentrums darstellen sollte. Obwohl eine derartige Interpretation des Textes ohne Schwierigkeiten vertretbar ist, so scheint doch die erstere Erklärung eher dem Sinn des Textes zu entsprechen. Als Geber des Landes wird Mykerinus bezeichnet, wobei der Ausdruck *ḥm n Mn-kȝw-Rʿ* gebraucht ist[136]). Dieser Herrscher ist zur Zeit der Niederschrift als verstorben zu betrachten, wie sich das mit Sicherheit aus der zweiten Angabe ergibt. Als ein weiteres Kennzeichen, wodurch diese Tatsache noch bestärkt wird, ist das Fehlen des Epithets *ʿnḫ ḏt* nach dem Namen anzusehen, das bei einem lebenden Pharao so gut wie immer gebraucht wird.

---

[135]) *Ḥr·ś* kann sowohl „dafür“ wie „darauf“, nämlich auf dem gestifteten Land, bedeuten, wie in der verwandten Stelle Urk. I 171, 4, 13. In Hinblick auf Urk. I 26, 13 ist jedoch ersteres vorzuziehen, wie es auch von Junker, Giza VI, 13f. aufgefaßt wird.

[136]) Die Auslassung des *n* nach *ḥm* braucht nicht auf ein Versehen des Schreibers zurückzuführen sein, dem ein derartiger Fehler in der recht unübersichtlich angeordneten Schriftzeile leicht unterlaufen konnte. Es besteht die Möglichkeit, daß das *n* von dem nachfolgenden, mit einem Labiallaut beginnenden Königsnamen aufgesogen wurde und die Schreibung, wie sie hier erscheint, die Aussprache des Ausdrucks wiedergibt. Eine derartige Erklärung des Fehlens des *n*, das sonst in keinem anderen Falle belegt werden kann, muß aber als unsicher betrachtet werden, da in Verbindungen mit Königsnamen, die gleichfalls mit einem Labial beginnen, wie *Mrjrʿ* und *Mrnrʿ* derartige Fälle nicht beobachtet werden können.

Die zweite Stelle bedarf einer gründlichen Erklärung. Junker (Giza VI, 13) und vor ihm bereits Fraser (ASAE 3 [1903] 126) nahmen die Ergänzung eines Suffixes *·i* nach *wꜥb* an und übersetzten daher „daß ich Priester sei". Dieser Auffassung folgen auch Maspero (ASAE 3 [1903] 132), Breasted (Anc. Rec. I 100f), Sethe (Urk. I 24), sowie Kees (Provinzialkunst 25), die alle die Inschrift in die Regierung von *Wśrkꜣf* setzen auf Grund der Annahme, daß diese Stelle den Hinweis auf die persönliche Ernennung von *Njkꜣꜥnḫ* zum Priester der Hathor durch diesen König enthält. Abgesehen davon, daß die Inschrift stilistisch wie inhaltlich sich schwer mit einem solch frühen zeitlichen Ansatz vereinen läßt, sprechen auch schwerwiegende Momente in der Formulierung des Textes dagegen. Die Nennung von *Wśrkꜣf* ist nicht von dem Epithet *ꜥnḫ ḏt* gefolgt, weshalb wie der vorhergehenden Nennung von *Mnkꜣwrꜥ* anzunehmen ist, daß der Pharao zur Zeit der Abfassung des Textes nicht mehr am Leben war. Nach der Annahme der genannten Bearbeiter der Inschrift würde es sich hier um die Erwähnung einer Ernennung eines Mannes durch den König zu einer Priesterstelle handeln. Eine derartige Formulierung, wie sie hier erscheinen würde, ist aber zumindest äußerst ungewöhnlich, wenn nicht überhaupt unglaubhaft. Einen „Befehl" zur Ausübung eines Amtes, an eine Einzelperson gerichtet, ohne daß dabei ein direktes Amt damit verbunden wäre, haben wir nirgends in den Inschriften des Alten Reiches belegt. Ein solcher königlicher Befehl, und es kann kein Zweifel bestehen, daß es sich hier um einen offiziellen Akt und nicht um eine persönliche Anweisung des Monarchen handelt, wird nur in einem dekretiven Sinne verwendet, das heißt zur Errichtung von Institutionen im Sinne des Staatsinteresses, was aber gleichzeitig die direkte Verbindung mit einer Einzelperson ausschließt. Eine Ernennung aber erfolgt nicht in dieser Form, sondern verlangt die Bezeichnung des spezifischen Amtes. Daraus ergibt sich, daß *wꜥb* „Priesterdienst tun" hier nicht mit einer bestimmten Person zu verbinden ist, sondern daß es allgemein zu fassen und in der oben angegebenen Weise zu übersetzen ist. Diese Klausel entspricht sinngemäß der vorhergehenden mit der Erwähnung von Mykerinus. In dieser wird an die Vergebung des Landes durch den König der IV. Dynastie erinnert, während in der uns im Moment beschäftigenden darauf hingewiesen wird, daß die Institution des Priesterdienstes für die Hathor von *Rꜣ-ꜣInt* durch *Wśrkꜣf* am Anfang der V. Dynastie erfolgte.

Die Richtigkeit der postulierten Annahme, daß nämlich die Erwähnung der Einrichtung eines Priesterkultes für Hathor von *Rꜣ-ꜣInt* durch *Wśrkꜣf* nicht als zeitgenössisch mit der Ausübung diese Kultes durch *Njkꜣꜥnḫ* anzusehen ist und somit dieses Grab nicht auf Grund dieser Angabe in den Anfang der V. Dynastie zu datieren ist, ergibt sich aus zwei weiteren Momenten. Auf die Nennung der Stiftung des Kultes folgt der Satz (Urk. I 26, 13): *ink iś wꜥb ḥr ḫt nb n* ······ *ḏbw-rd r ḥt-nṯr* „Ich tat Priesterdienst für alle Dinge der . . . Einkünfte für den Tempel". Eine derartig betonte Erklärung über den Priesterdienst durch *Njkꜣꜥnḫ* ist nur dann verständlich, wenn der vorhergehende Teil der Inschrift nichts Derartiges enthalten hat. Es ist daher in der uns hier beschäftigenden Stelle eine Angabe über die Geschichte des Kultes, an dem *Njkꜣꜥnḫ* teilhatte, zu sehen, wobei Mykerinus als der Stifter des Grundbesitzes erscheint, während der eigentliche Priesterdienst unter *Wśrkꜣf* eingerichtet wurde. Beide Herrscher sind zur Zeit der Niederschrift längst verstorben und mit keinem der beiden hatte der Grabeigentümer irgendwelchen Kontakt[137]).

Es ist somit als sicher anzusehen, daß diese Inschrift nicht in den Anfang der V. Dynastie zu datieren ist. Einen ungefähren Anhaltspunkt für die zeitliche Ansetzung der Inschrift gewinnen wir aus dem letzten Moment, das gegen eine so frühe Datierung anzuführen ist. Alle Belege von Verbindungen mit *ḥm*, sowohl mit dem Königsnamen wie auch als *ḥm n nb*, gehören der VI. Dynastie an, was erneut gegen eine Zuweisung zur frühen V. Dynastie spricht. Es erscheint auf Grund dieser Tatsache notwendig, auch für dieses Grab ein Datum in der VI. Dynastie anzunehmen, ohne die Möglichkeit für eine genaue Zuweisung zu besitzen[138]).

Für unsere Untersuchung sind zwei Punkte im Zusammenhang mit dieser Inschrift von Bedeutung: die Verbindung *ḥm* mit dem Königsnamen bezeichnet einen verstorbenen Herrscher. Beide Fälle, in denen diese Bezeichnung auftritt, stehen in Zusammenhang mit Herrschaftsakten; einer Landvergebung, sowie der Einrichtung eines Kultes, die anzuordnen zu den Rechten der Krone gehörten, wie es bereits oben dargelegt wurde. Als ungefähres Datum der Inschrift, in der diese Bezeichnungen erscheinen, wurde die VI. Dynastie erschlossen. In keinem der beiden Fälle erscheint der Königsname in Verbindung mit den königlichen Titeln *njśwt-bjtj*, auch fehlt das Epithet *ˁnḫ ḏt* nach der Namensnennung.

Das erste, zeitlich gesicherte Beispiel für die VI. Dynastie findet sich in der Biographie des *K3gmnj* (Urk. I 194, 12) und lautet: *śḏ3·n ḥm n Ttj ˁnḫ ḏt r ẖnw* „Die Majestät des Teti, er lebe ewiglich, zog in den Hof ein". Es handelt sich hier um die Thronbesteigung des neugekrönten Königs; dabei ist es interessant zu beobachten, daß der Ägypter *śḏ3 r ẖnw* sagt, was das Sich-Hinbegeben zu einem Ort zum Ausdruck bringt. Daraus ist wohl mit Recht zu schließen, daß die eigentliche Krönung nicht im Palaste, sondern an einem anderen Ort, vor seinem Einzug in die Residenz stattfand. Hier haben wir es sicher mit dem lebenden König zu tun, wie sich schon aus der Setzung von *ˁnḫ ḏt* zeigt. Der genaue Gehalt der Bezeichnung *ḥm n Ttj* ist schwer zu fassen, da man dieselbe sowohl auf die Person des Königs, wie auch auf seine Herrscherstellung beziehen könnte. Da es aber den Anschein hat, daß es sich hier um den offiziellen Einzug des Herrschers in den Palast handelt, ist wohl eher letzteres anzunehmen.

Am Anfang von *Wnj*'s biographischer Erzählung kommt zweimal ein derartig zusammengesetzter Ausdruck vor. Es heißt (Urk. I 98, 12): *ink id ṯs mḏḥ ẖr ḥm n Ttj* „Ich war ein Jüngling, dem das *mḏḥ*-Band gebunden wurde unter der Majestät des *Ttj*". Das *ṯs mḏḥ* ist in seiner Bedeutung höchst unklar, bezeichnet aber aller Wahrscheinlichkeit nach eine Zeremonie, die im Jüng-

---

[137]) Vgl. dazu den späten Bericht über die Stiftung des Hathorkultes von Dendera, der mit Cheops und Pepi I. in Verbindung gebracht wird. (BIFAO 52 [1953] 165ff.).

[138]) Durch eine derartige zeitliche Ansetzung löst sich die Diskrepanz auf archäologischem Gebiet zwischen den Tehne-Gräbern und den anderen Provinzialgräbern, die somit durchaus der VI. Dynastie zuzuweisen sind, entgegen der von Kees (Provinzialkunst 25f.) vertretenen Ansicht, die sich auf das oben besprochene philologische Kriterium stützt.

lingsalter stattfand[139]). Sie ist einige Male in den biographischen Inschriften erwähnt, wobei es immerhin bezeichnend ist, daß in allen Fällen, in denen sie genannt wird, die betreffenden Männer ausnehmend hohe Ämter im Staate während ihrer Laufbahn bekleideten. Dabei ist die Angabe über das *ṯs mḏḥ* meist von der Angabe über das erste Amt gefolgt, und es hat daher den Anschein, als ob diese Zeremonie mit dem Eintritt in die Beamtenlaufbahn in Verbindung stünde. *Ḫr* in dieser Form der Anwendung beinhaltet eine Zeitangabe und entspricht dem *rk*, wobei das letztere jedoch niemals in Verbindung mit dem Ausdruck *ḥm n* erscheint, sondern allein mit dem Königsnamen konstruiert wird. Angesichts der Tatsache, daß das *ḥm n Ttj* im Zusammenhang mit einer zeitlichen Ansetzung Verwendung findet, kann es kaum anders als eine Anspielung auf die Herrscherstellung des betreffenden Königs verstanden werden. *Ttj* war zur Zeit der Niederschrift sicherlich verstorben, da der Text nicht vor *Mrnrᶜ* verfaßt sein kann; auch haben wir kein Epithet nach der Nennung des Namens, wodurch dies noch zusätzlich bestätigt wird.

Direkt anschließend findet sich eine weitere, inhaltlich nahe verwandte Angabe als *ḫrj-ḥbt śmśw n ḏbꜣt ḫr ḥm n Ppj* „. . . ältester Vorlesepriester des Palastes unter der Majestät des Pepi" (Urk. I 98, 15). Die Anwendung der Bezeichnung *ḥm n Ppj* ist mit der vorhergehenden identisch. Auch dieser Pharao war zur Zeit der Niederschrift bereits verstorben.

In gleicher Verwendung findet sich diese Bezeichnung auch in einer leider nur sehr fragmentarisch erhaltenen biographischen Inschrift, worin dieselbe dreimal im Zusammenhang mit Zeitangaben aufscheint (Urk. I 250, 14, 18; 251, 4). Auffallend dabei ist, daß das *ḫr ḥm n Ppj* gleich zweimal genannt ist, was sehr befremdlich anmutet, da man annehmen würde, daß eine einmalige Angabe dieser Art genügen würde. In allen drei Fällen fehlt das Epithet *ᶜnḫ ḏt* nach dem Königsnamen, woraus wohl mit Recht zu schließen ist, daß die genannten Herrscher verstorben waren. Daraus ergibt sich folgerichtig eine Ansetzung der Inschrift in die Regierung von Pepi II.[140]).

Eine Angabe über das *ṯs mḏḥ*, parallel zu der in *Wnj*'s Biographie, findet sich in der Inschrift des *ꜣIbj* aus Deir el Gabrawi. Der Text ist recht stark zerstört und von Sethe weitgehend restauriert. Die uns in diesem Zusammenhang beschäftigende Stelle lautet danach (Urk. I 142, 8): *ink id ṯs mḏḥ ḫr ḥm n njśwt-bjtj Mrjrᶜ* „Ich war ein Jüngling, dem das *mḏḥ* gebunden wurde unter der Majestät des Königs *Mrjrᶜ*". Obwohl in Davies' Publikation[141]) Spuren verzeichnet sind, die sich zu dem *njśwt*-Zeichen ergänzen lassen, erscheint es doch fraglich, ob der Königstitel an dieser Stelle gestanden hat, da alle anderen Beispiele es bei der Verwendung der Bezeichnung *ḥm n* mit dem Königsnamen als Zeitangabe nicht setzen. Da der Text unter Pepi II. geschrieben wurde, ist es als sicher zu betrachten, daß *Mrjrᶜ* zur Zeit der Niederschrift verstorben war. Die Anwendung der Bezeichnung selbst ist mit der oben besprochenen identisch.

---

[139]) Gunn, JEA 25 (1939) 218f.

[140]) Gerade die kurze Regierungszeit von *Mrnrᶜ* unterstützt eine derartige Annahme.

[141]) Deir el Gebrawi I pl. 23.

Ein interessantes Beispiel für die Verwendung des Ausdrucks findet sich in der Biographie des *Ḳ3r*, die ansonsten keine direkte Parallele besitzt. Nachdem über die Jugend des Mannes gesprochen wurde, die er unter Pepi I. verlebte, fährt der Text fort (Urk. I 254, 3): *rdj·in ḥm n Mrnrʿ ḫntj(·i) r Wṯś-Ḥr* „Die Majestät des *Mrnrʿ* veranlaßte (verfügte), daß ich südwärts fahre nach *Wṯś-Ḥr*". Die Stelle ist wohl mit Sicherheit dahingehend zu verstehen, daß *Ḳ3r* unter *Mrnrʿ* als Beamter in Edfu eingesetzt wurde. Auffallend dabei ist besonders die Formulierung, die in diesem Falle *rdj* setzt, obwohl es sich doch eher um einen bindenden Staatsauftrag handelt, nämlich eine Ernennung zu einem bestimmten Amte[142]). Diese Form des Ausdrucks, bei der das *ḥm n* mit dem Königsnamen in einer Weise verwendet wird, die sonst nur in Verbindung mit dem einfachen *ḥm* gefunden wird, ist nicht ein vereinzeltes Beispiel, sondern hat ihre Parallele in den Inschriften des *Ḥrḫwf* sowie des *Ppjmḫt*, die uns noch beschäftigen werden. In dem zur Diskussion stehenden Beleg erscheint es als sicher, daß *Mrnrʿ* zur Zeit der Abfassung des Textes bereits tot war. Dies ergibt sich nicht nur aus dem Fehlen des Epithets *ʿnḫ ḏt* nach dem Namen, sondern auch aus dem Umstand, daß *K3r* bis in den Anfang der Regierung von Pepi II. lebte, was angesichts der kurzen Regierungszeit von *Mrnrʿ* keiner besonderen Erklärung bedarf.

Die Verwendung von *ḥm n* mit Königsnamen anstelle des gewöhnlichen *ḥm* wird besonders deutlich demonstriert durch zwei Stellen in *Ḥrḫwf*'s Inschrift. Über seinen ersten Zug nach *ʾI3m* schreibt er (Urk. I 124, 9): *iw h3b·n wj ḥm n Mrnrʿ nb* „Die Majestät des *Mrnrʿ*, des Herrn, sandte mich . . ." Dieses Aussenden eines Beamten ist in zahlreichen Beispielen in Verbindung mit *ḥm* belegt und findet sich in dieser Form auch in demselben Text in den Berichten über spätere Züge. Daraus ist zu schließen, daß der Ausdruck *ḥm n* für einfaches *ḥm* eintreten konnte, wobei es den Anschein hat, daß diese ungewöhnliche Formulierung hier verwendet wurde, um auf diese Weise die Möglichkeit einer zeitlich genaueren Bestimmung des Geschehnisses zu geben. Man kann hier auch die Frage aufwerfen, ob die beiden späteren Züge *Ḥrḫwf*'s nach *ʾI3m* nicht vielleicht unter Pepi II. stattgefunden haben und daß somit das dort erscheinende *ḥm* auf den lebenden Herrscher verweist, im Gegensatz zu diesem Falle, wo *Mrnrʿ* als verstorben anzunehmen ist. Da wir wissen, daß *Ḥrḫwf* noch unter der Regierung von Pepi II. lebte, ist es sicher, daß *Mrnrʿ* zur Zeit der Niederschrift des Textes verstorben war. Zu der Vermutung, daß das später erscheinende *ḥm* auf den lebenden Herrscher verweisen möge, und daß somit *Ḥrḫwf*'s zweite und dritte Expedition nach *ʾI3m* bereits unter die Regierung von Pepi II. fielen, ist die kurze Regierungszeit von *Mrnrʿ* in Betracht zu ziehen.

Als ein besonders interessanter Zug bei diesem Beispiel ist die Verbindung des Königsnamens mit dem nachfolgenden *nb*, gefolgt von dem Götterzeichen, zu nennen. Diese Art des Ausdrucks findet sich ein zweites Mal in derselben Inschrift, ist aber ansonsten nicht belegt. An dieser Stelle scheinen zwei verschiedene Wege möglich, diese sonst unbekannte Formulierung aufzufassen. Entweder handelt es sich um eine Zusammenziehung von zwei Begriffen, nämlich *ḥm n* König und *ḥm n nb;* die letztere wird uns noch näher beschäftigen. In einem solchen Falle könnte *ḥm n* im zweiten Falle ausgelassen sein. Gegen

142) Siehe dazu oben S. 8f.

eine derartige Erklärung spricht jedoch die Tatsache, daß wir Verbindungen von *ḥm n nb* mit dem Königsnamen auch sonst belegt haben, in denen aber das *ḥm n nb* immer vorausgestellt wird. Die zweite Möglichkeit wäre, *nb* als ein Epithet in Zusammenhang mit der Nennung des Königs zu fassen. Nach dem Zusammenhang, nämlich der Verbindung mit *ḥ3b*, würde diese Stelle eigentlich mit der Person des Königs zu verbinden sein, wie in dem vorherbesprochenen Beispiel aus der Inschrift des *Ḳ3r*[143]). Aus dem Umstand, daß der hier genannte König als verstorben zu betrachten ist, scheint die Schwankung in der Qualität des Ausdrucks zu entspringen, wie auch die Verbindung mit *nb*, indem die beiden Pole des ägyptischen Königtums miteinander verschmolzen werden.

Das zweite Beispiel aus *Ḥrḫwf*'s Biographie steht in fragmentarischem Zusammenhang; es heißt dort (Urk. I 126, 9): ······ *r rdt rḫ ḥm n Mrnrʿ nb* ····· „. . . um die Majestät des *Mrnrʿ*, des Herrn, wissen zu lassen . . .“ Der Satz hat eine Anzahl Parallelen, die entweder mit *ḥm* oder mit der einfachen Nennung des Königsnamens konstruiert sind, beides Formen, die sich direkt auf die Person des Königs, nicht aber auf seine Herrschernatur beziehen. Die einzige Ausnahme von dieser Form des Gebrauchs, die sich im Briefe des Pepi II. an *Ḥrḫwf* findet, wurde oben eingehend besprochen[144]). Somit ist diese Stelle, wie auch die anderen in dieser Inschrift, auf die Person des Königs zu beziehen und steht für ein einfaches *ḥm*. Die besonderen Umstände, die bei der Formulierung obwalteten, entsprechen denen des anderen Beispiels aus dieser Inschrift.

Ein vereinzeltes Beispiel aus der Inschrift des *Ḏʿw* muß hier noch angeführt werden, in dem dieser hohe Beamte über seine Tätigkeit in Abydos berichtet (Urk. I 118, 14—16): *irj·n(·i) nw m T3-wr 3bḏw m im3ḫw ḫr ḥm n njśwt ʿnḫ-ḏt Nfrk3rʿ bjtj ḫr ḥm njśwt-bjtj Mrjrʿ njśwt-bjtj Mrnrʿ* „Ich tat dies in Abydos in *T3-wr* als Geehrter bei der Majestät des Königs Neferkare, er lebe ewiglich, bei der Majestät (des) Königs *Mrjrʿ* und des Königs *Mrnrʿ*“. Die drei Nennungen von Königen sind wohl grundsätzlich parallel aufzufassen, wenngleich in der schriftlichen Abfassung verschiedene Elemente durch Zusammenziehung ausgelassen wurden. Von den Herrschern ist *Nfrk3rʿ* durch das nach seinem Namen gesetzte *ʿnḫ ḏt* als lebend gekennzeichnet und unterscheidet sich darin von den beiden anderen Herrschern, bei denen dieses Epithet nicht auftritt. Der Ausdruck *im3ḫw ḫr* findet sich ansonsten in Verbindung mit den königlichen Bezeichnungen *njśwt*, sowie auch mit dem vollen *njśwt-bjtj* mit Namensnennung, daneben auch mit *nb*, sowie *ḥm n nb*, letzteres aber erst in der VI. Dynastie. Die durch *im3ḫw ḫr* zum Ausdruck gebrachte Relation erscheint jedenfalls immer in Verbindung mit dem herrscherlichen Aspekt des Königs und ist nie in Zusammenhang mit einfachem *ḥm* zu finden. Es ist daher in der Bezeichnung *ḥm n njśwt-bjtj* wohl mit Recht die herrscherliche Natur des Königs, ansonsten mit *njśwt* bezeichnet, zu erkennen, wie sie ja auch in einer Reihe von anderen Stellen, in denen diese Bezeichnung erscheint, zu verstehen ist. Im Unterschied zu den anderen Belegen dieser Art handelt es sich hier aber um einen Hinweis auf den lebenden Herrscher, während in den anderen Fällen derselbe bereits verstorben war. Dieser Beleg ist hiermit als eine Ausnahme im Vergleich zu den anderen Beispielen für diese Bezeichnung zu werten und

---

143) S. o. S. 73.

144) S. o. S. 32 f., 56.

setzt seinem Verständnis große Schwierigkeiten entgegen. Die Möglichkeit besteht, daß wir es hier mit einer Nachlässigkeit in der Formulierung zu tun haben, die durch die enge Verbindung in der Nennung von lebenden und verstorbenen Herrschern begründet sein mag[145]).

Wenn wir die Beispiele, in denen die Bezeichnung *ḥm n* in Verbindung mit dem Königsnamen auftritt, zusammenfassen, so ergibt sich ein einheitliches Bild für die Verwendung dieser Bezeichnung für den König, wobei nur der zuletzt besprochene Beleg heraussticht, was erneut die oben ausgesprochenen Zweifel an der Richtigkeit dieser Formulierung bestärkt. Der Ausdruck ist in allen gesicherten Belegen in die VI. Dynastie zu datieren, wozu auch die beiden Fälle zu zählen sind, die Königsnamen der IV. und V. Dynastie nennen. In allen Beispielen, ausgenommen das letzte, wird diese Bezeichnung auf den verstorbenen König angewandt, aus welchem Umstand sich die scheinbare Diskrepanz in der Verwendung erklären läßt. Als Anwendungsarten finden wir die Verwendung in der Datierung von Geschehnissen; aus der Retrospektive betrachtet, wie es für den Fall eines verstorbenen Herrschers zu verstehen ist, bezeichnet es nicht das menschliche Leben eines bestimmten Königs, sondern die Herrschaftsperiode eines Pharao, mit anderen Worten ausgedrückt, die Verkörperung des Herrschertums in seiner Person. Ferner finden wir Fälle, in denen Herrschaftsakte, wie sie ansonsten im Zusammenhang mit der Bezeichnung *njśwt* genannt werden, mit der Person eines bestimmten Herrschers auf diese Weise verbunden sind. Schließlich sind noch jene Fälle zu nennen, in denen die Bezeichnung *ḥm n* mit dem Königsnamen an der Stelle eines einfachen *ḥm* erscheint. Dieser Terminus findet also für beide Aspekte des ägyptischen Königtums, den menschlichen sowohl wie den herrscherlichen, Anwendung. Eine derartige Verbindung dieser beiden, sonst streng geschiedenen Sphären findet sich ansonst nicht bei den beiden prinzipiellen Bezeichnungen für den ägyptischen König in seiner zweigestaltigen Natur, nämlich *njśwt* und *ḥm*. Die Möglichkeit einer derartig unterschiedlosen Anwendung, wie wir sie für *ḥm n* mit Königsnamen finden, ist nur daraus verständlich, daß sie nicht auf den lebenden, sondern auf den toten Herrscher Bezug nimmt. Aus dieser Perspektive heraus betrachtet, ist das *ḥm n* „die Verkörperung des Königs *NN*" nicht mehr direkt mit dessen menschlich-fleischlicher Existenz verbunden, sondern zieht einen wesentlich weiteren Begriffskreis, der die Gesamtheit der Herrscherpersönlichkeit, den menschlichen wie auch den herrscherlichen Aspekt, einschließt. Dieser Ausdruck ist offensichtlich aus dem Drange nach einer genaueren Ausdrucksform entstanden, indem er dem Zurücktreten des verstorbenen Herrschers hinter der Idee des Königtums entgegen wirkt und über den Tod eines Herrschers hinaus dessen Persönlichkeit zu erhalten bestrebt ist. Es stellt diese Bezeichnung den Versuch einer Verbindung der beiden Aspekte des Königtums dar, welcher als solcher folgerichtig dahingehend formuliert wurde, daß man die Bezeichnung der körperlichen Natur des Königs (*ḥm*) mit seiner Herrschernatur verband. Angewendet auf den verstorbenen Herrscher bezeichnet dieser Terminus dann nicht mehr die menschlich-physische Natur des Königs — ein derartiges Unterfangen würde angesichts der Tatsache,

---

145) In älteren Beispielen für *imȝḫw ḫr* bei mehreren Königen fehlt die Formulierung mit *ḥm n*; vgl. Urk. I 166.

daß es auf verstorbene Herrscher angewendet wird, sinnwidrig sein — sondern ist der Versuch, den Träger und Verkörperer des Königtums als ein Individuum zu fassen, wobei in seinem Tode die beiden Pole zu einer Einheit verschmolzen werden. Daß diese Bezeichnung gerade mit der VI. Dynastie auftritt, ist höchst bezeichnend, stellt sie doch den ersten Schritt einer Individualisierung dar, die den König als Herrscher nicht nur als Träger einer gottgesetzten Ordnung ansieht, sondern demselben auch individuelle Züge zugesteht.

Die zweite Form von Zusammensetzung, in der *ḥm n* erscheint, ist in Verbindung mit *nb*, wobei das letztere immer vom Götterzeichen gefolgt ist. Auch für diesen Terminus sind die Belege nicht sehr zahlreich, genügen aber immerhin, den Bedeutungsgehalt fassen zu können.

Der älteste Nachweis für diese Bezeichnung stammt aus der V. Dynastie, doch hat es den Anschein, daß er seiner Bedeutung nach von den anderen, ausnahmslos der VI. Dynastie angehörigen Belegen zu trennen ist. Er erscheint in der ansonsten gut belegten Formel (Urk. I 57, 16) *n sp ḏd(·i) ḫt nb ḏw r rmṯ nb ḫr ḥm n nb* „niemals sagte ich irgendetwas in böser Absicht gegen irgendeinen Menschen zur Majestät des Herrn". Die Phrase, die oben ausführlich besprochen wurde[146]), enthält eine Feststellung des Grabinhabers, daß er keine gerichtlichen Anzeigen in denunzierender Weise erstattet hat. In der sonst vielfach belegten Fassung tritt an dieser Stelle immer *njśwt* auf, mit dem daher der hier erscheinende Ausdruck *ḥm n nb* als wesensgleich zu betrachten ist. Daß an dieser Stelle von der üblichen Formulierung der Aussage abgegangen wurde, scheint in erster Linie auf stilistische Gründe zurückzugehen. Anders als sonst ist die hier erscheinende Fassung von einer positiven Feststellung eingeleitet, die über die Richtigkeit der vom Grabinhaber abgegebenen Erklärung berichtet. In diesem Zusammenhang wird bereits *njśwt* gesetzt, das auch in der hier zur Diskussion stehenden negativen Beteuerung erscheinen sollte. Wenn sich *ḥm n nb* auch auf den Herrscher bezieht, so ist es im Unterschied zu den späteren Beispielen nicht mit einem bestimmten Herrscher verbunden, sondern so wie *njśwt* auf den König als Träger und Repräsentanten des Königtums zu beziehen. Zur Beantwortung haben wir auf die Ergebnisse der Untersuchung von *nb* zurückzugreifen[147]); dieser Terminus bezieht sich in seiner ursprünglichen Formung nicht auf den König, sondern auf Gott als Schöpfer und eigentlichen Herrn des All und damit gleichzeitig auch des Königtums. Wenn wir an dieser Stelle den König, und zwar in seiner juristischen Position als Herrscher und Wahrer der Rechtsordnung als *ḥm n nb* bezeichnet finden, so entspricht dies genau dem Wesen der Bezeichnung *njśwt*, wie sie oben dargelegt wurde. Der König ist nicht selbst autochthoner Regent, sondern führt sein Amt als Verkörperung Gottes, ohne dabei selbst göttlich zu sein.

Erst mit der VI. Dynastie werden die Belege für den Ausdruck *ḥm n nb* häufiger. So kleidet *Wnj* seine Bitte um eine Grabausrüstung in die Worte (Urk. I 99, 10); *dbḥ·kwj m-ᶜ ḥm n nb* „ Ich erbat von der Majestät des Herrn . . ." *Wnj* wendet sich mit seiner Bitte[148]) nicht an die ihm persönlich bekannte Person des Königs, wie dies z. B. in der ausführlich besprochenen Inschrift des

---

146) S. o. S. 22ff. 147) S. o. S. 49.

148) *Dbḥ* hat vielleicht mehr den Sinn von „erflehen" als von „bitten".

*Nj*ᶜ*nḫšḫmt* der Fall ist, wenngleich auch dort auf das einleitende *ḏd ḫr ḥm* das formelle *kꜣ·k* folgt, sondern gibt dafür *ḥm n nb*. Somit richtet er sein Anliegen nicht an die Person des Königs, sondern an dessen Funktion als Herrscher, denn nur in dieser Funktion ist es demselben möglich, der Bitte, die in ihrer Bedeutung über den Rahmen eines materiellen Geschenkes hinausgeht, Folge zu leisten. Die Bedeutung des *ḥm n nb*, wie sie hier gebraucht ist, entspricht also grundsätzlich der von *njśwt*, das in ähnlichen Fällen auch belegt ist[149]). Wenn dann dieses Ansuchen mit *rdj ḥm·f* fortgesetzt ist, so entspricht das genau der Formulierung, wie wir sie in *Nj*ᶜ*nḫšḫmt* gefunden haben, daß nämlich der eigentlich dekretive Akt des Herrschers übergangen wird und nur die vom König als Vollstrecker desselben gegebene Verfügung Erwähnung findet[150]). Eine Parallele zu dieser Stelle findet sich in stark zerstörtem Zusammenhang in der Inschrift des Khentika[151]), wo wir ein *dbḥ·śn m-*ᶜ *ḥm n nb* ...... ,,Sie erflehten von der Majestät des Herrn . . .'' finden. Der Sinn der Stelle läßt sich nicht mehr gewinnen, da es unklar bleibt, worum das Ersuchen der Leute geht. *Śn* ist wohl nicht, wie James es vorschlägt, als Objekt[152]) aufzufassen, sondern bezieht sich auf die vorhergenannten *rmṯ nb*, mit denen Khentika als *ḥm n śtp sꜣ* ,,Leibwächter''[153]) in irgendeiner Weise in Berührung kommt.

Aus der Zeit Pepi II. haben wir ein Beispiel einer ähnlichen Bitte erhalten, die aber etwas anders formuliert ist. So heißt es in der Inschrift des *Ḏ*ᶜ*w* von Deir el Gebrawi (Urk. I 146, 6—7): *iw dbḥ·n(·i) m śꜣr (·i?) m-*ᶜ *ḥm n nb njśwt-bjtj Nfrkꜣr*ᶜ ᶜ*nḫ ḏt* ,,Ich erflehte als (meine?) Bitte (Wunsch) von der Majestät des Herrn, dem König Neferkare, er lebe ewiglich . . .'' Auch hier ist grundsätzlich das alte Konzept beibehalten, daß nämlich ein derartiges Anliegen an den Herrscher als Repräsentant des Königtums gerichtet wird. Als ein in diesem Zusammenhang neues Element tritt die Verbindung dieser Bezeichnung mit der Nennung des Königsnamens und dessen Titeln auf. Diese Erwähnung eines bestimmten Herrschers mit seinem Namen und seinen Titeln ist in ihrer Bedeutung parallel zu dem vorausgehenden *ḥm n nb*, das in sich selbst denselben Aspekt des Herrschers zum Ausdruck bringt. Ob diese Nennung hier nur darauf zurückzuführen ist, daß Pepi II. zur Zeit der Niederschrift des Textes noch am Leben war, wie sich dies aus dem Epithet ᶜ*nḫ ḏt* mit Sicherheit erschließen läßt, oder aber, ob wir hier einen gewissen Drang zu einer stärkeren Individualisierung haben, läßt sich nicht entscheiden. Für die letztere Annahme spricht der Ausdruck *ḥm n* in Verbindung mit dem Königsnamen, während aber die erstere durch das aus der IV. Dynastie stammende Beispiel aus dem Grab des *Dbḥnj* (Urk. I 18, 10) unterstützt wird.

Eine derartige Verbindung des Ausdrucks *ḥm n nb* mit der Nennung des Königsnamens und der Königstitel findet sich auch in der bereits erwähnten Inschrift des ꜣ*Ibj*, die aber leider in einem äußerst schlechten Erhaltungszustand

---

149) S. o. S. 18. Für die Verwendung des Ausdrucks *ḥm n nb* in Zusammenhang mit der Vergebung der Grabstiftung, siehe auch Urk. I 144, 12 und 145, 2.

150) S. o. S. 52f.

151) James, The Mastaba of Khentika, called Ikhekhi, pl. VI, D 12.

152) Op. cit. 40.

153) Vgl. Urk. I 139, 8 und dazu ZÄS 75 (1940) 119, sowie auch oben Anm. 127.

ist. Die beiden Stellen, die uns in diesem Zusammenhang zu beschäftigen haben, beinhalten beide eine Ernennung zu einer bestimmten Stellung. Die erste derselben (Urk. I 142, 9—10) lautet unter teilweiser Berücksichtigung der Ergänzungen von Sethe: *rdj. n wi ḥm n nb njśwt-bjtj Mrnrʿ* .... *m ḥ3tj-ʿ* .... „Die Majestät des Herrn, der König *Mrnrʿ* .... ernannte mich zum *ḥ3tj-ʿ*". Sethe fügt, den Spuren in der Zeichnung von Davies folgend, nach der Nennung des Königsnamens ein *ʿnḫ*, gefolgt von zwei *nb*-Zeichen ein. Da mit Sicherheit anzunehmen ist, daß *ʾIbj* bis in die Regierungszeit von Pepi II. lebte, *Mrnrʿ* infolgedessen zur Zeit der Textabfassung bereits tot war, ist es nicht möglich, ein Epithet *ʿnḫ ḏt* nach der Nennung seines Namens anzunehmen. Was hier gestanden haben könnte, ist mir unklar, und ich bin nicht in der Lage, irgendeinen Ergänzungsvorschlag zu unterbreiten. Daran schließt sich direkt die zweite Erwähnung einer Ernennung, die nach der Sethe'schen Lesung lautet (Urk. I 142, 11): *rdj·n wj ḥm n nb njśwt-bjtj Nfrk3rʿ m imj-r3 šmʿ* „Die Majestät des Herrn, der König *Nfrk3rʿ* ernannte mich zum Vorsteher von Oberägypten". Sethe's Annahme, daß nämlich dieser Hinweis über die Laufbahn des Grabinhabers mit dem König Pepi II. — Neferkareʿ zu verbinden ist, ist wohl grundsätzlich zu folgen. Da es aber kaum angeht, daß *ʾIbj* den überaus lang regierenden Pharao überlebt hat, noch dazu, wo er bereits unter dessen Vorgänger ein hohes Amt bekleidete, ist es notwendig, nach dem Königsnamen das Epithet *ʿnḫ ḏt* „er lebe ewiglich" zu ergänzen. In beiden Fällen handelt es sich um eine Ernennung, und zwar zu einem sehr hohen Rang; in dem ersten Falle in Verbindung mit der Stellung eines *ḥ3tj-ʿ*, im anderen als Vorsteher von Oberägypten. Wohl finden wir Ernennungen auch in Verbindung mit der Bezeichnung *ḥm*, doch in allen jenen Fällen, wo es sich um ein hohes Amt handelt, tritt nicht *ḥm* auf, sondern wird der herrscherliche Aspekt des Königs hervorgestellt. Wie bereits oben angedeutet wurde, besteht die Wahrscheinlichkeit, daß bei der Formulierung der Rang, zu dem eine Person ernannt wurde, von wesentlicher Bedeutung war[154]). *Ḥm n nb* bezeichnet in beiden Fällen den König als Herrscher und Rechtsperson, was durch das beigefügte *njśwt-bjtj* zusätzlich erklärt wird, da es ja der *njśwt-bjtj* ist, der als *ḥm n nb* zu verstehen ist. Durch diese Beifügung wird das ansonsten unpersönliche *ḥm n nb* mit einem bestimmten Herrscher verbunden, was gerade für die späte VI. Dynastie sehr bezeichnend ist, in der sich die ersten Anzeichen einer zunehmenden Stärkung des individuellen Denkens bemerkbar macht.

Ḥm n nb als Bezeichnung des Herrschers und zwar im Besonderen an der Stelle der Nennung des *Ka*'s, der im König wirksam ist, findet sich in einer Stelle am Ende der Biographie des *Wnj*, wo er über die von ihm unternommenen Expeditionen zur Beschaffung von Baumaterial für den königlichen Pyramidenbau berichtet (Urk. I 108, 10): *ḫpr·n(·i) m ʿ(·i) mj ḳd ḫft ḥw wḏw·n ḥm n nb* „es geschah völlig durch (mich), durch (meinen) Arm, entsprechend der Anordnung, die die Majestät des Herrn befohlen hat". Die Nennung von *ḥw*, dem göttlichen, Schöpfung bewirkenden Ausspruch, weist bereits klar darauf hin, daß es sich hierbei nur um eine Bezeichnung des Herrschers als Verkörperers und Ausführers des göttlichen Willens handeln kann. Dies wird noch zusätzlich bestätigt durch eine Parallele, die diese Aussage in der glei-

154) S. o. S. 8f.

chen Inschrift hat (Urk. I 109, 11): *n wn·n ḫpr ḫt nb ḫft ḥw wḏw kꜣ·f* „denn alles geschah gemäß der Anordnung, die sein *Ka* befohlen hat". Daraus ist zu erkennen, daß die Bezeichnung *ḥm n nb* an dieser Stelle für den *Ka* des Königs eintritt, der wiederum mit seiner Stellung als *njśwt* identisch ist, wie wir oben gezeigt haben[155]).

Während alle bisherigen Beispiele *ḥm n nb* in einem Zusammenhang zeigten, aus dem klar hervorging, daß es für die Bezeichnung *njśwt* eintrat, verbleibt eine Gruppe von drei Fällen zu besprechen, in denen es wie ein gewöhnliches *ḥm* verwendet wird. Sie finden sich alle in einer Inschrift und zwar stehen sie immer im selben Zusammenhang, nämlich der bekannten Feststellung *iw gr hꜣb·n wj ḥm n nb* (Urk. I 133, 9; 134, 3, 13). In dieser oft belegten Phrase tritt uns ansonsten nur *ḥm* gegenüber, weshalb an dieser Stelle *ḥm n nb* mit jenem Ausdruck als wesensgleich angesehen werden muß. Ein derartiges Ergebnis steht jedoch in krassem Gegensatz zu allen anderen Belegen für den Terminus und bedarf daher besonderer Beachtung. Die Inschrift, in der sie vorkommen, hat uns bereits früher im Zusammenhang mit der Untersuchung der Bezeichnung *nb* beschäftigt, die in ihr für den König als Parallele zu *njśwt* Verwendung findet. Wenn *nb* aber in sich selbst bereits den Herrscher bezeichnet, so ergibt sich daraus folgerichtig, daß ein davon abgeleitetes *ḥm n nb*, das ja jeweils die Verkörperung des mit *nb* Bezeichneten darstellt, nicht auch den Herrscheraspekt bezeichnen kann, sondern die menschliche Natur des Königs, wie sie sonst durch *ḥm* bezeichnet wird. Infolgedessen kann unter derartigen Voraussetzungen der Ausdruck *ḥm n nb* auch auf den menschlichen Aspekt des Königs Anwendung finden. Somit widerspricht dieses Beispiel nicht grundsätzlich den anderen Belegen, sondern variiert von denselben in der ihr zugrunde liegenden Bedeutung von *nb*.

Zusammenfassend läßt sich daher für die Bezeichnung *ḥm n nb* sagen, daß sie in allen Fällen eine Ableitung von der Bezeichnung *nb* darstellt, der gegenüber es die Verkörperung darstellt. In der Mehrzahl der Fälle wird es für den Herrscher angewendet und entspricht als solches dem sonst üblichen *njśwt*.

Beide Ausdrücke, die mit *ḥm n* zusammengesetzt sind, treten, bis auf eine Ausnahme aus der Regierung des *ꜣIssj*, nur in der VI. Dynastie auf. Es macht sich in ihnen eine stärkere Tendenz zum Individualismus bemerkbar, der die Einzelpersönlichkeit des Herrschers betont, während in der Auffassung der vorhergehenden Epoche derselbe hinter dem von ihm ausgeübten Amte zurücktritt und es schwer für uns ist, persönliche Züge in den Inschriften zu fassen.

Königsname.

Als letzte Form der verschiedenen Bezeichnungen für den König verbleibt die Setzung des Königsnamens in der Kartusche, jedoch ohne Nennung der Königstitel, zu besprechen. Dieselbe findet sich in einer nicht allzu großen Anzahl, wobei die Texte, in denen sie auftritt, von sehr unterschiedlicher Natur sind. Diesem Umstand ist es zuzuschreiben, daß die Verwendungsart

155) S. o. S. 40.

beachtlichen Schwankungen unterworfen ist, was noch zu zeigen sein wird. Als weiteres Moment kommt der verschiedene zeitliche Ursprung der Texte hinzu.

Die ältesten Belege dieser Art, die bereits aus der Zeit des Snofru (Urk. I 8, 1), sowie des Chufu (Urk. I 8, 7) stammen, gehören nicht in diesen Zusammenhang als Teil von Herrschaftsmonumenten, die nicht der direkt irdischen Sphäre zuzuzählen sind. Die ältesten Beispiele fallen somit in die Zeit des *Ś3ḥwrʿ*, aus der uns diese Art der Bezeichnung des Königs gleich in mehreren Beispielen erhalten ist. In der bereits mehrfach genannten Inschrift des *Njʿnḫśḫmt* folgt auf die Zusicherung des Königs an seinen verdienstvollen Beamten für dessen Begräbnis Sorge zu tragen, eine Wiedergabe des Dankes, den der so Beschenkte zum Ausdruck brachte (Urk. I 39, 11): *dw3(·i) nṯr nb n Ś3ḥwrʿ* „Ich pries jeden Gott für Sahureʿ". Die Aussage steht dabei in Parallele mit einem sehr ähnlichen Satz (*ibid* Zl. 10), in dem vom *rdj(·i) i3w n njśwt ʿ3* „ich gab Lobpreisungen dem König sehr" die Rede ist. Diese Gegenüberstellung wirft ein recht bezeichnendes Bild auf die Qualität der uns hier beschäftigenden Bezeichnung. Es handelt sich bei den beiden Gliedern nicht um einen direkten Parallelismus, in welchem Falle die einzelnen Glieder austauschbar sein müßten, sondern um ein Nebeneinander an sich verwandter, jedoch nicht identischer Elemente. Im ersten derselben drückt *Njʿnḫśḫmt* seinen Dank dem Herrscher aus, während er im zweiten für *Ś3ḥwrʿ* zu den Göttern betet. Diese Ausdrucksform ist vielfach im Zusammenhang mit der Entlohnung der Arbeiterschaft am Grabbau belegt und bezieht sich in allen Fällen auf den Grabherrn, also auf eine menschliche Person[156]). Auch hier ist die Aussage in derselben Weise zu verstehen, daß nämlich eine genaue Trennung zwischen den beiden Aspekten des Königs vorliegt. Dem offiziellen Dank an den Herrscher, von dem die Gabe eigentlich ausgeht, folgt eine Anrufung an die Götter für den menschlichen Träger des Königtums, nämlich den König Sahureʿ, die wohl in erster Linie um ein langes Leben für den Menschen und König bittet. Somit ist an dieser Stelle die Verwendung des Königsnamens als Bezeichnung des Königs deutlich dahingehend zu verstehen, daß es auf den menschlichen Aspekt des Königs Bezug nimmt. Es steht hiermit diese Bezeichnung in derselben Weise, wie wir ansonsten *ḥm* gebraucht finden, doch ist sie durch die Namensnennung mit einer bestimmten Person des Königs verbunden.

Die in derselben Inschrift auftretende Parallele (Urk. I 40, 1) *dw3 ṯn nṯr nb n Ś3ḥwrʿ irj n(·i) nw* „ihr mögt jeglichen Gott preisen für Sahureʿ, der dieses für mich getan hat", ist in gleicher Weise zu verstehen. Es ist dabei in beiden Fällen unklar, ob der König zur Zeit der Niederschrift nicht bereits verstorben war, worauf das Fehlen des Epithets *ʿnḫ ḏt* schließen ließe.

Ein gleichfalls mit dem Namen Sahureʿ verbundener Beleg ist für unsere Untersuchung nur von geringer Bedeutung, da er aus dem Totentempel des Herrschers stammt und somit nicht direkt der irdischen Sphäre angehört, der unsere Untersuchung gilt. Wenn es dort im Rahmen einer Götterrede heißt

---

[156]) Die Stelle Urk. I 126, 4 gehört nicht in diesen Zusammenhang, da sie auf völlig anderen Voraussetzungen basiert. Es handelt sich dabei nicht um eine menschliche Reaktion, sondern eher um einen Ausdruck der Anerkennung der ägyptischen Oberherrschaft.

(Urk. I 169, 5): *rdj·n(·i) ꜥnḫ wꜣś nb śnb nb ḫr(.i) n šrt·k Śꜣḥwrꜥ ꜥnḫ·tj ḏt* „(Ich) gebe dir alles Leben und Glück und alle Gesundheit, die ich habe, an deine Nase, o Sahureꜥ, auf daß du ewig lebst", so kann sich diese Aussage nur auf den König als Herrscher beziehen, nicht aber auf seine menschliche Natur. Hiemit nimmt die Namensnennung des Königs hier eine Stellung ein, wie sie ansonsten durch den Terminus *njśwt* bezeichnet wird. In gleicher Weise sind auch die anderen, aus diesem Tempel stammenden Beispiele zu werten, doch ist bei all diesen im Auge zu behalten, daß sie nicht unmittelbar auf das irdische Dasein des Königs Bezug nehmen, sondern aus dem Totentempel stammen, was in der Formulierung von gewissem Einfluß gewesen sein mag. Wenngleich es sehr wahrscheinlich ist, daß die Aussprüche, die bei der Rückkehr der Flotte den Teilnehmern in den Mund gelegt werden, als diesseits gebundene Formulierungen aufgefaßt werden können, so ist doch der Ort ihrer Aufzeichnung dermaßen, daß eine solche Folgerung nicht als sicher betrachtet werden kann. Es sei jedoch vermerkt, daß in allen diesen Reden der Name des Königs durchgehend als herrscherliche Bezeichnung gebraucht wird und dem *njśwt* bzw. der Nennung des Königsnamens in Verbindung mit den königlichen Titeln entspricht. Auffallend dabei ist, daß in keinem Fall das Epithet *ꜥnḫ ḏt* nach der Namensnennung erscheint und wir daher wohl anzunehmen haben, daß diese Inschriften von Anfang an unter Berücksichtigung ihrer späteren Bestimmung in Verbindung mit dem Totentempel des Königs abgefaßt wurden.

Mit demselben Königsnamen finden wir es auch in dem Ausdruck *m rk Śꜣḥwrꜥ*, eine Verbindung, in der der Königsname häufig aufscheint. *Rk* bezeichnet dabei die Regierungszeit, die immer als abgeschlossen betrachtet werden muß, da ein lebender König seine *rk* „Regierungszeit" ja noch nicht vollendet hat. Dazu kommt ferner noch, daß die Namensnennung immer ohne nachfolgendem Epithet *ꜥnḫ ḏt* auftritt. Zusammensetzungen dieser Art sind mit einer Reihe von Königsnamen belegt; so *Mnkꜣwrꜥ* (Urk. I 51, 12) *Špśśkꜣf* (Urk. I 51, 15), *ꜣIssj* (Urk. I 129, 1; 131, 2), *Ttj* (Urk. I 253, 18), *Wnjś* (Urk. I 194, 9). Belege mit späteren Königsnamen sind nicht mehr zu finden, dafür erscheint die in ihrer Bedeutung identische Ausdrucksform *ḫr* mit dem Königsnamen, bzw. *ḫr ḥm n* mit Königsnamen. Die zeitliche Scheidung ist sehr rigoros mit der Regierung von Teti bzw. kurz nachher anzusetzen, wobei es unsicher ist, ob das dafür auftretende *ḫr* inhaltlich davon verschieden ist, oder ob es nur als Wechsel der Ausdrucksform zu betrachten ist. Die Tatsache, daß für dieses *rk* in Verbindung mit der Nennung des Königsnamens späterhin ein *ḫr ḥm n* mit Königsnamen eintritt, zeigt, daß die Verwendung des reinen Königsnamens einen Vorläufer des späteren *ḥm n* darstellt. Dabei ist es von wesentlicher Bedeutung, daß beide Formen auf den verstorbenen König Anwendung finden. Es kann dabei kein Zweifel sein, daß bei der Verbindung mit *rk* in erster Linie der herrscherliche Aspekt des Königs unterstrichen wird, wobei aber auch die Möglichkeit einer Verbindung mit dessen menschlicher Natur besteht.

Dieser Ausdrucksweise für eine Zeitangabe mit *rk* entspricht das spätere *ḫr*. Dies finden wir für Pepi I. in Urk. I 254, 2 *rdj·tw(·i) m śmr-wꜥtj ········ ḫr Ppj* „Ich wurde ernannt als *śmr-wꜥtj* ······· unter Pepi", sowie auch noch für *Mrnrꜥ* (Urk. I 250, 2) *irj·n(·i) ḫrj-ḥbt ḫr Mrnrꜥ* „Ich amtierte als Vorlesepriester unter *Mrnrꜥ*". Die letzte Inschrift ist dabei besonders interessant, weil in ihr auch gleichzeitig die Bezeichnung *m rk* auftritt (Urk. I 249, 18).

Der Name des Königs ist dabei nicht erhalten, doch muß es nach dem Zusammenhang ein Herrscher vor Pepi I. gewesen sein, was ein bezeichnendes Licht auf die Verwendung des *rk* wirft. In den beiden hier genannten Fällen ist der so bezogene König jeweils als verstorben anzusehen, was sich bereits daraus ergibt, daß in keinem der Fälle das Epithet *ʿnḫ ḏt* geschrieben ist. In beiden Fällen handelt es sich somit um eine Zeitangabe, die in die Vergangenheit zurückgreift, wobei dieser Ausdruck in Parallele steht zu dem gleichzeitig und dann besonders auch am Ende der VI. Dynastie gebrauchten Ausdruck *ḫr ḥm n*.

Ein in gewissem Sinne damit verwandter Ausdruck ist die Bezeichnung *mjn ḫr* mit nachfolgendem Königsnamen. Seine genaue Bedeutung ist nicht sicher; das vom Wörterbuch (II 43, 10) vorgeschlagene „Zeitgenosse" ist jedoch mit Sicherheit abzulehnen[157]). Als Beispiele dafür sind zu nennen: Urk. I 59, 12 *mjn ḫr ʾIssj*, Urk. I 193, 1 *mjn ḫr ʾIssj*, Urk. I 82, 3 und Urk. I 83, 7 *mjn ḫr sȝ-rʿ Ttj ʿnḫ ḏt* sowie Urk. I 86, 12 *mjn ḫr Ttj nb*. In den ersten beiden Beispielen ist der genannte König als verstorben zu betrachten, während er in dem dritten ausdrücklich als lebend durch das Epithet *ʿnḫ ḏt* ausgewiesen ist. Im letzten ergänzt Sethe *ʿnḫ ḏt* nach dem *nb*, was aber nicht sicher ist. Während in der Mehrzahl der Fälle der genannte König als verstorben zu betrachten ist, ist er in einem Falle nachdrücklich als lebend ausgewiesen. Bei diesem müssen wir einhaken, um die Bedeutung der Namensnennung in diesem Zusammenhang zu verstehen. In einem weiterem Beleg für den Ausdruck *mjn ḫr* erscheint derselbe in Verbindung mit *ḥm·f* (Urk. I 84, 14), in welchem Zusammenhang es anscheinend auf den lebenden Pharao verweist. Daraus ergibt sich, daß wir hier die Nennung des Königsnamens und zwar in dem Fall, wo es sich auf den lebenden Herrscher bezieht, als dem *ḥm* gleichwertig zu betrachten haben, während in den Fällen, wo es auf den verstorbenen König Bezug nimmt, dies wohl grundsätzlich gilt, die Voraussetzungen aber grundlegend andere sind.

In enger Beziehung zu der Bezeichnung *mjn ḫr* steht aller Wahrscheinlichkeit nach der Ausdruck *nj-Wnjś* (Urk. I 81, 5). Auch hier finden wir nicht das Epithet *ʿnḫ ḏt*. Die herrschende Unsicherheit über die Bedeutung des Ausdrucks macht es unmöglich festzustellen, welchen Aspekt des Königtums es hierbei bezeichnet[158]).

An dieser Stelle ist auch das zweimal in der Inschrift des *Nḫbw* erscheinende *ink kȝtj n Mrjrʿ nb* „Ich war Architekt des *Mrjrʿ*, des Herrn" (nach der verbesserten Lesung des Textes in JEA 24 [1938] 2) zu nennen. *Kȝtj* von Dunham als „workman" aufgefaßt, ist wohl eher als eine Nisbe-Form zu *kȝt*, in dessen spezifischer Bedeutung der königlichen Bauten aufzufassen und bezeichnet hier eine besonders hohe Stellung des Grabherrn. Es besteht dabei die Möglichkeit, daß dieses *kȝtj* prinzipiell dem älteren *mjn* entspricht, da das letztere nur in Verbindung mit Künstlern (*ḫrp ḥmw wr*) genannt wird[159]). Wegen des

---

[157]) Vgl. dazu Edel, MIO I (1954) 213, 7 und RdE 11 (1957) 63ff.

[158]) Vgl. dazu auch Urk. I 80, 14, wo dieselbe Nisbebezeichnung in Verbindung mit dem Grabdenkmal eines verstorbenen Herrschers genannt wird.

[159]) Junker, Die Götterlehre von Memphis 28f. Die von Gardiner (Ancient Egyptian Onomastica II 269*) vorgebrachten Einwände gegen eine derartige

Fehlens von *ʿnḫ ḏt* handelt es sich wohl um einen verstorbenen Herrscher, wobei es schwer festzustellen ist, ob die Nennung des Königsnamens hier als eine Bezeichnung der menschlichen oder der herrscherlichen Natur des Königs zu betrachten ist. Die Vermutung liegt nahe, daß auf Grund der Verwandtschaft des Ausdrucks zu dem vorher erwähnten *mjn ḫr*, sowie der Tatsache, daß hier ein indirekter Genitiv mit *n* erscheint, an die Person des Königs zu denken ist.

Gleichfalls auf die Person des Königs bezieht sich die Stelle in der Inschrift des *Ḳȝr* (Urk. I 254, 1) *inj·tw(·i) n Ppj r ḳmȝt m-m mśw ḥrjw-tpw* „Ich wurde gebracht dem Pepi um zu bilden (?) unter den Kindern der Großen". Die Bedeutung der Stelle ist reichlich unklar. Allgemein wird die Annahme vertreten, daß es sich hierbei um einen Hinweis auf die Erziehung des Beamten, dem diese Inschrift gehört, handelt, doch erscheint eine derartige Auslegung in zahlreichen Belangen nicht stichhaltig. In den Fällen, wo das hier vorausgehende *ṯs mḏḥ* genannt wird, folgt darauf immer die Nennung der ersten Amtsstellen. Auch ist in Betracht zu ziehen, daß das *ṯs mḏḥ*, bei dem der Beteiligte bereits ein gewisses Alter erreicht hat, in der Zeit von Teti angegeben wird, während diese Stelle uns in die Zeit von Pepi I. führt. Weiters erscheint eine direkte Genitivverbindung, wie sie hier angenommen wird, doch eher fraglich, wobei ferner eine zweimalige Setzung des Determinativs auch gewisse Schwierigkeiten einer derartigen Erklärung mit sich bringt. Schließlich ist *ḥrj-tp* in den Königsdekreten, wo dieser Terminus mehrere Male auftritt, immer als Bezeichnung von Beamten einer bestimmten Rangstufe (und zwar nicht der höchsten) verwendet und findet sich nicht als ein allgemeiner Terminus für „Große"[160]). Wenn die Lesung *ḳmȝt*, die Sethe mit einem Fragezeichen versieht, richtig ist[161]), dann kann es sich hier schwerlich um die Erziehung handeln, sondern muß eher etwas wie „ernennen", „befördern" beinhalten. Dabei ist die Nennung der *mśw* sowie der *ḥrjw-tp* als eine Bezeichnung des Hofstaats anzusehen, in dessen Gegenwart dergleichen Zeremonien stattfanden, wie wir es aus der wesentlich früheren Inschrift des *Ptḥwȝš* erkennen können, in der gleichfalls die „Kinder", dort *mśw-njśwt* genannt, als Hofstaat bei dem Erscheinen des Königs anwesend sind. Danach möchte ich das *inj·tw(·i) n Ppj* eher als „ich wurde zu Pepi gebracht" auffassen[162]), woraus sich dann ergeben würde, daß es sich hierbei um die Person des Herrschers

---

Lesung des Titels und die für ihn sich ergebende Identifizierung von *Wr* mit Ptah, erscheint nicht überzeugend. Gerade die häufige Erweiterung des Titels durch *n ḥb-Rʿ* zeigt seine innige Verbindung mit dem Sonnengott.

[160]) Für eine derartige Auffassung der Bezeichnung spricht vor allem seine Verwendung in den königlichen Dekreten, wie auch der Titel *ḥrj-tp ʿȝ n* Gau *X*, der wohl richtig als „oberster *ḥrj-tp* des Gaues *X*" zu verstehen ist. Gerade die immer aufscheinende Spezifizierung des Amtsbereiches des *ḥrj-tp ʿȝ* spricht gegen eine Übersetzung des einfachen *ḥrj-tp* als „Gaufürst".

[161]) Man könnte auch an eine abgekürzte Schreibung von *ṯst* denken, wozu man Urk. I 302, 13, 15, 17, 18, sowie auch 303, 2, 6 vergleiche. Das Wort wird mit spezifisch juristischer Bedeutung für die Anstellung von Personen, insbesondere im Totenkult, gebraucht.

[162]) *R ṯst* (?) könnte dann „gemäß der Aushebung" verstanden werden. Das Wort ist eher Substantiv als Verbum.

handeln muß. Dabei ist sicher anzunehmen, daß Pepi I. zur Zeit der Niederschrift des Textes verstorben war, was sich nicht nur aus dem Fehlen des *ʿnḫ ḏt* ergibt, sondern auch daraus, daß *Ḳꜣr* vermutlich bis in die ersten Jahre der Regierung von Pepi II. gelebt hat.

Eine in sich geschlossene Gruppe, die als eine Einheit untersucht werden muß, stellt die Nennung des Königsnamens in den Briefen von *ʾIssj* dar, die uns bereits mehrmals beschäftigt haben. In allen dort aufscheinenden Belegen — sie alle beziehen sich auf *ʾIssj* — ist nirgends das Epithet *ʿnḫ ḏt* gesetzt, ein Umstand, der wohl klar darauf hindeutet, daß die Inschriften, in denen sie jetzt als Kopien enthalten sind, nicht mehr während der Regierungszeit von *ʾIssj* niedergeschrieben wurden, sondern daß die Anlegung derselben erst nach dem Tode desselben fällt. Es besteht darüber hinaus auch die Möglichkeit, daß eine derartige Auslassung des sonst notwendigen Epithets eine Eigenheit des Briefstils ist; dagegen spricht jedoch, daß in der Einleitung der Inschrift des *Śnḏmib-ʾIntj* die Nennung des Königsnamens gleichfalls ohne das *ʿnḫ ḏt* erscheint. Dieser Umstand ist von wesentlicher Bedeutung für das Verständnis der Bezeichnung, da für den verstorbenen König die Voraussetzungen ganz besonderer Art sind.

In der Einleitung der Inschrift des *Śnḏmib-ʾIntj* rühmt sich derselbe, daß er eine besondere Ehrenstellung bei seinem König eingenommen habe. So spricht er an einer Stelle (Urk. I 59, 13) von *špśś·kwj ḫr ʾIssj r mjt(·i) nb m ḥrj-sštꜣ n ḥm·f* „ich war angesehen bei *ʾIssi* mehr als irgendeiner meinesgleichen als Vertrauter seiner Majestät“, während er an anderer Stelle denselben Gedanken in einer wortreicheren Form zum Ausdruck bringt, (Urk. I 60, 7) *n špśś(·i) mnḫ(·i) mrw(·i) ḫr ʾIssj r mjt(·i) nb* „ich war angesehen, ich war trefflich, ich war beliebt bei *ʾIssj* mehr als irgendeiner meinesgleichen“. Aussagen dieser Art sind selten in den Grabinschriften zu finden, wobei *špśś* sowohl in Verbindung mit *njśwt* als auch mit *ḥm* auftritt[163]). Aus diesem Zusammenhang, wie er sich hier findet, in der ersten Stelle der Parallelismus mit *ḥrj-sštꜣ n ḥm·f*, in der zweiten die Begründung der Wohltaten und Auszeichnungen, die ihm durch die Person des Königs zuteil wurden, zeigt es sich, daß der Königsname in beiden Fällen für *ḥm* eintritt, daß also die menschliche Natur des Pharao hier gemeint ist.

Dies trifft auch die weitgehend zerstörte und dadurch unverständliche Stelle Urk. I 59, 17 *iw rdj·n n(·i) ʾIssj* ····· „*ʾIssj* gab mir . . .“, wo der Königsname in Verbindung mit dem Verbum *rdj* auftritt. In allen Nennungen des Königs mit diesem Verbum fanden wir dieselben immer als Bezeichnung der menschlichen Natur des Königs, wobei die Verbindung mit *ḥm* die weitaus häufigste ist[164]). Damit ist auch hier als sicher anzunehmen, daß die Nennung des Königsnamens an Stelle der Bezeichnung *ḥm* erfolgt und daher entsprechend zu verstehen ist.

Wenden wir uns nun den eigentlichen Briefen zu. Der König macht in diesen an mehreren Stellen ein Wortspiel auf den Namen des Adressaten, wenn er sagt (Urk. I 61, 11) *śnḏm ib pw n ʾIssj mꜣʿtj* „angenehm für das Herz des *ʾIssj* ist es wahrlich“ und in ähnlicher Form auch Urk. I 61, 3. Es findet sich aber auch in dem Brief an *Rʿšpśś* (Urk. I 179, 13—15) in der Einleitung desselben:

---

[163]) S. o. S. 19f., 65f. [164]) S. o. S. 59ff.

iw m33·n ḥm(·i) sš pn nfrwj rdj·n·k inj·tw·f m štp-s3 m hrw pn nfr n šnḏm ib n ᾽Issj m3ʿwj m mrrt·f m3ʿwj „(Meine) Majestät sah dieses dein Schreiben, das du hast bringen lassen in den Palast an diesem schönen Tage des Erfreuens des Herzens des *᾽Issj* wahrlich mit dem, was er liebt, wahrlich". In der letzteren Stelle finden wir die Namensnennung in Parallele mit der Verwendung von einem einfachen Suffix (*·f*) sowie auch in Verbindung mit *ḥm(·i)*, woraus wir die Möglichkeit besitzen zu schließen, daß der Königsname in diesen Fällen immer für *ḥm* auftritt und als Bezeichnung der Person des Königs verstanden werden muß.

Dasselbe Resultat ergibt sich auch bei der Betrachtung einer anderen Aussage, die in einer Anzahl der Briefe aufscheint. So heißt es in Urk. I 63, 4 *rḫw tw tr ḏd mrrt ᾽Issj r ḫt nb* „ein Wissender bist du wahrlich, der das sagt, was *᾽Issj* über alles liebt". Das Verständnis dieser Stelle wird erleichtert durch eine Parallele im Brief an *Rʿšpšš*, in der es heißt (Urk. I 179, 17) *rḫw ṯw tr ḏd mrrt ḥm(·i) r ḫt nb* „ein Wissender bist du, der sagt das, was (meine) Majestät liebt über alles". Der an sich gleich gebaute Satz setzt an Stelle der Nennung des Königsnamens *ḥm(·i)*, woraus sich mit Sicherheit die Identität der beiden Ausdrucksformen ergibt. Hierher gehört auch die Stelle in dem ersten *᾽Issj*-Brief (Urk. I 61, 6) *ṯwt ḏd mrrt ᾽Issj r šʿḥ nb* „du bist es, der das sagt, was *᾽Issj* liebt, mehr als irgendein Vornehmer". Die enge Verwandtschaft dieser Stelle mit den vorher besprochenen ist offensichtlich, woraus auch hier mit Sicherheit angenommen werden kann, daß die Nennung des Königsnamens hier in gleicher Weise, nämlich im Sinne von *ḥm*, zu verstehen ist.

Nicht so klar läßt sich die Bedeutung der Namensnennung in der Stelle Urk. I 63, 5 erkennen: *irj·n ṯw ḥm nṯr r išt-ib nt ᾽Issj* „Gott hat dich wahrlich zur Freude des *᾽Issj* gemacht". Gerade die dankbare Unterwerfung des Königs unter die Macht Gottes als Schöpfer weist deutlich darauf hin, daß die Nennung des Königsnamens hier keineswegs auf die Herrschernatur bezogen sein kann, sondern sicherlich auf den menschlichen Aspekt des Königs, da gerade diese Stelle sehr nachhaltig zeigt, daß der König im Alten Reich keineswegs grundsätzlich als Gott betrachtet werden kann, sondern daß er, wie auch seine Untertanen, dem Wirken Gottes unterworfen ist. Dazu kommt noch als bestärkendes Moment, daß in den anderen Stellen, wo in diesem Dokument der Königsname auftritt, derselbe immer die menschliche Natur des Königs zum Ausdruck bringt, indem er für *ḥm* eintritt.

In der bereits früher erwähnten Stelle Urk. I 62, 6 tritt uns die Verbindung *k3 n ᾽Issj* entgegen. Der unklare Zusammenhang macht es schwer, dieselbe zu verstehen, doch hat es den Anschein, daß die Namensnennung auch hier auf die Person des Königs zu beziehen ist, während die Betonung seines *Ka*, also der in ihm inhärenten göttlichen Kraft, den ihm innewohnenden Herrscheraspekt zum Ausdruck bringt.

Am Ende des Briefes an *Rʿšpšš* findet sich ein Königseid, in dem gleichfalls der Königsname ohne Nennung der Titel auftritt. Die Formulierung (Urk. I 180, 8) *ʿnḫ ᾽Issj ḏt* „so wahr *᾽Issj* ewiglich lebt" bedarf einer eingehenden Erklärung. Die Tatsache, daß hier vom „ewigen" Leben des Königs die Rede ist, deutet darauf hin, daß es sich hier bei der Namensnennung nicht um eine Bezugnahme auf die irdische Person des Königs handeln kann, sondern daß wir es hier mit einer Nennung seines Herrscheraspektes zu tun haben. Die

Stelle steht somit als Parallele zum Königseid im Dekret Koptos b) (Urk. I 283, 9), das die volle Ausdrucksform *ꜥnḫ njśwt-bjtj Nfrkꜣrꜥ ḏt r nḥḥ* „so wahr der König Neferkareꜥ lebt immer und ewiglich" gibt. Davon zu scheiden ist der Königseid, der sich in der Inschrift des *Njꜥnḫšḫmt* findet (Urk. I 39, 6) *śnb fnḏ(·i) pn mrr wi nṯrw* „so wahr diese (meine) Nase gesund ist und mich die Götter lieben", das keinen formalen Königseid darstellt, sondern eine persönliche, eidliche Zusicherung des Königs, wobei sich der obwaltende Unterschied schon aus der zugrunde liegenden Formulierung ergibt. Während in den beiden vorher erwähnten Königseiden derselbe beim „ewigen" Leben des Herrschers geleistet wird[165]), setzt dieser als Schwurobjekt die Person des Königs, nämlich sein „persönliches" Leben, wozu die betonte Unterstellung des Königs unter die Götter kommt, die gleichfalls auf seine menschliche Natur hinweist. Somit ist die Namensnennung des *ꜣIssj* in der Eidesformel unterschiedlich von den anderen Beispielen zu verstehen, in dem sie nicht für *ḥm* eintritt, sondern gerade die Herrschernatur des Pharao nachdrücklich betont.

Als letzter Beleg für das Vorkommen des Königsnamens bleibt noch eine Stelle in der Inschrift des *Śndmib — Mḥj* zu besprechen: (Urk. I 68, 8) *irw ḥsst ꜣIssj rꜥ-nb* „der tat das, was *ꜣIssj* lobt, alle Tage". Es kann kein Zweifel bestehen, daß *ꜣIssj* zur Zeit der Niederschrift verstorben war, da dieser Beamte noch unter *Wnjs* wirkte. Der Ausdruck mit *ḥsj* ist sowohl in Verbindung mit *njśwt* als auch mit *ḥm* belegt, und es ist daher fraglich, in welcher Weise er hier zu verstehen ist. Ein direkter Anhaltspunkt ist nicht vorhanden, doch hat es den Anschein, daß es eher als Benennung des Herrschers aufzufassen ist, wofür in erster Linie die Art der Inschrift spricht, da wir diesen Ausdruck in enger Verbindung mit der Aufzählung der Titel des Beamten finden und es doch fraglich erscheint, ob an einer solchen Stelle eine Anspielung auf die menschliche Natur des Königs genannt werden würde.

Wenn wir somit die Beispiele, in denen durch die Nennung des Königsnamens, jedoch ohne Hinzusetzung der königlichen Titel, auf den Pharao verwiesen wird, zusammenfassend betrachten, so ergibt sich auf den ersten Blick eine uneinheitliche Verwendung des Ausdrucks. Er findet sich sowohl auf den herrscherlichen Aspekt angewendet, aber auch in Verbindung mit der menschlichen Natur des Königs. Die fehlende Trennung dieser ansonst geschiedenen Aspekte des ägyptischen Königtums erklärt sich daraus, daß diese Art der Bezeichnung in der überwiegenden Mehrheit der Fälle auf den verstorbenen König Anwendung findet, ein Umstand, der von wesentlicher Bedeutung bei seiner Beurteilung ist. Er ist damit dem früher besprochenen *ḥm n* mit Namensnennung gleichzusetzen, das ebenso verwendet wird. Diese beiden Ausdrucksformen, nämlich *ḥm n NN* und die reine Namensnennung sind nahe miteinander verwandt und stellen zwei zeitlich aufeinander folgende Formen derselben Bezeichnung dar, wobei die Namensnennung als die frühere anzusehen ist. In die Mitte der VI. Dynastie, soweit die Hinweise in den Inschriften reichen, ist dieser stilistische Wandel in der Ausdrucksform anzusetzen, wobei wir nicht in der Lage sind, sicher zu entscheiden, ob es sich hierbei nur um eine Änderung des Stilgefühls handelt, oder aber ob auch inhaltlich irgendwelche Änderungen im zugrunde liegenden Konzept damit verbunden

[165]) Parallel dazu ist der juristische Eid *ꜥnḫ njśwt*; vgl. dazu oben S. 22.

sind. So wie das spätere *ḥm n NN* bezieht es sich in jenen Fällen, wo es in Verbindung mit einem lebenden König auftritt, auf dessen menschliche Natur und ist in derartigen Fällen der Bezeichnung *ḥm* gleichzusetzen. In jenen Fällen aber, in denen es im Zusammenhang mit einem verstorbenen König verwendet wird, kann es sowohl dessen menschliche, wie auch dessen herrscherliche Natur zum Ausdruck bringen. Dies beruht darauf, wie bereits oben für den Ausdruck *ḥm n NN* gezeigt wurde[166]), daß beim toten Pharao seine im Leben geschiedenen Aspekte miteinander verschmelzen und daher eine Trennung nicht mehr zutrifft. Unter dieser Perspektive betrachtet, kann sein Name, der in der irdischen Sphäre, d. h. zu seinen Lebzeiten, nur auf seine menschliche Natur Anwendung findet, auch auf den ihm innewohnenden herrscherlichen Aspekt übertragen gebraucht werden, da ja zu diesem Zeitpunkt eine Scheidung der beiden Sphären nicht mehr vorliegt.

Zusammenfassung

Die Untersuchung, die hier unternommen wurde, hatte das Ziel, die irdische Stellung des Königs im Alten Reich zu erfassen. Dafür wurden ausschließlich jene Dokumente des Alten Reiches herangezogen, die in direktem Kontakt mit dem König als Regenten des ägyptischen Staates entstanden waren. In diese Gruppe fallen sowohl die biographischen Inschriften der Großen dieser Periode, wie auch die geringe Anzahl königlicher Texte, in erster Linie der Verwaltungsdokumente, die wir aus dem Alten Reich besitzen. Das Bild, das sich aus ihnen ergibt, zeigt einheitliche Züge, woraus geschlossen werden kann, daß ein festumgrenztes Konzept von der Stellung des Königs für diese Periode bestand, welches jedoch gewissen Wandlungen unterlag, die von uns nur sehr schattenhaft erfaßt werden können. Wir sind in der Lage, gewisse Verschiebungen in der Stellung des Königs zu erkennen, doch sind die Indizien, die sich gewinnen lassen, so gering, daß es kaum möglich erscheint, diese Veränderungen in ihrem vollen Umfang auszuwerten. Für unsere Untersuchung ist das Bestehen derartiger Entwicklungstendenzen von sekundärer Bedeutung, da wir von ihnen eine festgeformte Grundanschauung für das gesamte Alte Reich feststellen können, die nur in Details, nicht aber in ihrer prinzipiellen Formung einem Wandel unterliegt. Somit ist eine weitgehende Einheitlichkeit des Konzeptes der Ägypter über die Stellung des Königs im Alten Reich feststellbar, die es berechtigt erscheinen läßt, diese Periode als eine Einheit zusammenzufassen. Andererseits aber unterstreicht die Tatsache, daß wir innerhalb dieser an sich weitgehend geschlossenen Zeitepoche Wandlungen in den Auffassungen begegnen, die Gefahren, die einer Gleichsetzung von Angaben verschiedener Zeitperioden innewohnen. Solch grundlegende Probleme, wie es die Stellung des Königs im Rahmen des ägyptischen Staates darstellt, unterliegen einer andauernden Evolution und können daher keineswegs als einheitlich in ihrer Formung betrachtet werden, insbesondere dann, wenn Vergleiche über eine in sich geschlossene Periode hinaus gezogen werden. Dabei ist die als Altes Reich bezeichnete Zeitspanne im wesentlichen auf die Periode

---

166) S. o. S. 75f.

von der IV. bis zur VIII. Dynastie beschränkt, da die beiden angrenzenden Epochen, nämlich die protodynastische und die sog. erste Zwischenzeit, nicht direkt mit dem Alten Reich verbunden werden können. Für die der IV. Dynastie vorangehende Periode sind unsere Quellen in keiner Weise hinreichend, um irgendwelche Schlüsse mit auch nur annähernder Sicherheit zuzulassen, während für den der letzten memphitischen Dynastie direkt folgenden Zeitabschnitt eine grundlegende Verschiebung in der Grundkonzeption feststellbar ist, die keine Verbindung mit der vorhergehenden Periode erlaubt.

Als Weg zur Untersuchung der Stellung des Königs im Alten Reich wurden die verschiedenen Bezeichnungen, wie sie für den Pharao in dieser Periode in Gebrauch waren, herangezogen. Dieses an sich lapidare Material stellt den einzig gangbaren Weg zur Beantwortung unserer Frage dar, da wir keine direkte Stellungnahme der Ägypter dieser Zeit zu der uns beschäftigenden Frage besitzen. Aus der Art, wie diese verschiedenen Bezeichnungen Verwendung finden, läßt sich mit überraschend großer Genauigkeit ein Bild über die Anschauungen gewinnen, die der Ägypter des Alten Reiches über seinen König hatte. Da die Texte, aus denen wir die Indizien für diese Beantwortung der uns beschäftigenden Frage gewonnen haben, durchaus von Angehörigen der sozial gehobenen Gesellschaftsschichten verfaßt sind, ergibt sich in gewisser Beziehung ein einseitiges Bild, das den einfachen Mann dieser Zeit nicht zu Wort kommen läßt. Da aber die Männer, aus deren Inschriften wir ein Bild über die Stellung des Königs gewinnen, als die eigentlichen Träger des geistigen Lebens dieser Periode anzusehen sind, ist gerade ihre Einstellung ihrem Herrscher gegenüber von wesentlich größerer Bedeutung für den geistesgeschichtlichen Aspekt, als die Gedanken, die die unterste Gesellschaftsschicht darüber gehabt haben mag.

In den Inschriften begegnet uns eine Anzahl verschiedener Bezeichnungen für den König, die aber keineswegs als Synonyme anzusehen sind und in ihrer Anwendung nicht vertauscht werden können. Jede derselben hat ihren spezifischen Verwendungskreis, der entweder durch die besondere Bedeutung des Terminus oder aber durch eine zeitliche Abgrenzung gegeben ist. Eines der wichtigsten Resultate dieser Untersuchung ist der Nachweis, daß die verschiedenen Bezeichnungen für den König nach festen Regeln in den Texten Anwendung finden und ihre Setzung nicht dem stilistischen Ausdruckswillen des individuellen Schreibers überlassen war. Dies ist nicht nur für Rekonstruktion zerstörter Textstellen von Bedeutung, sondern stellt eine große Hilfe zu einem grundlegenden Verständnis der Textgestaltung dar.

Unter den Termini, die für den lebenden Herrscher Anwendung finden, stechen zwei an Bedeutung besonders heraus; es sind dies *njśwt* und *ḥm*. Diese haben einen genau abgegrenzten Verwendungskreis, dessen Erfassung durch das reichliche Vorkommen der beiden Ausdrücke mit großer Genauigkeit möglich ist. Gleichzeitig ist aber die Erkenntnis der genauen Bedeutung dieser beiden Ausdrücke das Rückgrat jeglichen Verständnisses des Konzeptes des ägyptischen Königtums, wie es im Alten Reich konzipiert war, und durch sie werden wir in das Zentrum des uns beschäftigenden Problems eingeführt. Beide Termini sind sehr alt und treten uns bereits in den ältesten Texten, die der IV. Dynastie angehören, entgegen, um durch die gesamte Periode des Alten Reiches unverändert in Gebrauch zu bleiben. Sie sind in ihrer Anwendung in allen Texten genau voneinander getrennt und können in keinem Falle miteinander vertauscht werden. Dies illustriert deutlich, daß sie verschiedene Aspekte des Königtums bezeichnen. Hieraus aber ergibt sich als wesentliche Erkenntnis für das Verständnis des Konzeptes des Königtums des Alten Reiches, daß dasselbe nicht als eine Einheit zu betrachten ist, wie wir aus der uns innewohnenden Anschauung anzunehmen geneigt sind, sondern daß für den Ägypter im König verschiedene Aspekte zusammenwirkten, die er genau differenzierte. Diese Grundhaltung unterscheidet sich grundsätzlich von unserer und bedarf daher einer besonderen Betonung, wenngleich eine Erfassung derselben, schon durch die Fremdheit des vorliegenden Gedankenganges, für uns auf große Schwierigkeiten stößt.

Dreifach ist die Unterscheidung, an die der Ägypter im Zusammenhang mit seinem Konzept vom König festhält. Grundsätzlich trennt er zwischen lebendem und totem Herrscher, die für ihn sich nicht nur durch ihre Umstände unterscheiden, sondern für ihn verschiedenen Lebensphären angehören, die keine direkte Verbindung miteinander besitzen. Der verstorbene Herrscher setzt nicht nur seine auf Erden geführte Existenz im Jenseits fort, sondern diese Fortsetzung bewegt sich auf einer anderen Ebene und ist somit grundsätzlich vom irdischen Bereich geschieden. Aber auch im Irdischen sieht der Ägypter den König nicht als einen Ganzheitsbegriff an, sondern scheidet zwei Aspekte, von denen er den einen mit *njśwt*, den anderen mit *ḥm* bezeichnet. Der letztere tritt immer dann auf, wenn direkt auf die Person des Königs Bezug genommen wird, wobei es denselben nicht in seinen herrscherlichen Funktionen beschreibt, sondern in seiner prinzipiell menschlichen Existenz, durch die er in die Materie gebunden ist und aus der er erst durch seinen Tod herausgelöst wird. *Ḥm* dagegen bezeichnet immer eine bestimmte Persönlichkeit und kann daher nicht im Plural Verwendung finden, da, wie noch zu zeigen sein wird, die Verwendung dieses Terminus auf das Leben eines bestimmten Herrschers beschränkt ist. Der wesentlichste Zug, der mit diesem Terminus zum Ausdruck gebracht wird, ist die menschliche Natur des Königs. Es ist in dieser rein körperlichen Eigenschaft, daß wir den König in der überwiegenden Mehrzahl der Texte agierend begegnen, woraus sich mit Sicherheit ergibt, daß der Pharao im Alten Reich keineswegs als ein Gott angesehen wurde, sondern in erster Linie Mensch war. Eine derartige Einstellung ergibt sich aus der Weise, wie wir diesen Ausdruck verwendet finden, aber auch aus seinem Verhältnis zu der zweiten ursprünglichen Bezeichnung des Königs, nämlich *njśwt*. Diese findet sich nur an solchen Stellen, wo auf die Herrscherstellung des Königs, wie sie aus seinem Amte resultiert, Bezug genommen wird. Dabei ist *njśwt* nicht direkt mit einer bestimmten Person verbunden, sondern bezeichnet das Herrschertum schlechthin, dessen Träger für eine begrenzte Zeit ein bestimmter Pharao war. Der Aspekt des Königtums, der durch *njśwt* zum Ausdruck gebracht wird, ist nicht ursächlich mit einer bestimmten Person verbunden, wodurch sich dieser Ausdruck grundlegend von dem Terminus *ḥm* unterscheidet. Auch *njśwt* kennt ursprünglich keinen Plural, wie *ḥm*, doch sind die Gründe, die dazu führen, wesentlich andere. Die Herrscherpersönlichkeit, soweit sie mit dem lebenden König identisch ist, ist prinzipiell auf eine Einzahl beschränkt, während für *njśwt* die Einheitlichkeit des Konzeptes darin zu sehen ist, daß es keine Beziehung mit einer bestimmten, ins Menschliche gebundenen Person eingeht, sondern die Herrscherstellung des Königs zum Ausdruck bringt. Diese aber ist eine Institution und als solche nicht an eine Person gebunden, sondern liegt im Konzept der ägyptischen Staatsauffassung verankert. Genau präzisiert heißt das, daß der König (als Individuum) nicht selbst *njśwt* ist, sondern nur die Position des *njśwt* einnimmt, um dieselbe für die Dauer seiner Lebenszeit innezuhalten. Dabei geht er keine Identifizierung mit dem von ihm ausgeführten Amte ein, da er ja als *ḥm* immer ins Irdisch-Menschliche gebunden bleibt, während die Stellung des *njśwt* über dieses hinausführt. Das ägyptische Königtum ist somit keine menschliche Institution, sondern ein Ausfluß des göttlichen Willens, und es ist daher nicht als ein sinnloses Spiel anzusehen, wenn der Ägypter die Liste seiner Könige mit der Nennung seiner Götter anführt. Wie das Königtum selbst unter dem Patronat des Göttlichen steht, so ist auch das Herrscheramt ein Ausfluß aus dem Transzendenten, was aber nicht mit einer göttlichen Stellung des Königs verwechselt werden darf. Nicht der König ist göttlich, sondern das von ihm ausgeübte Amt, dessen Träger er ist. Hierin liegt der Schlüsselpunkt für ein Verständnis des ägyptischen Königtums, nämlich in der Trennung zwischen Person und Amt des Königs.

Während der König als menschliche Person dem irdischen Wandel unterworfen ist, tritt er als Träger des gottgesetzten Amtes aus dem Irdischen heraus, da er als solcher Repräsentant, nicht aber Inkarnation des Göttlichen ist, das die Basis des ägyptischen Staates darstellt, der als ein Widerspiegel der gottgesetzten Weltordnung angesehen wird. Es ist daher verständlich, daß die Bezeichnung *njśwt* immer an jenen Stellen auftritt, wo auf die Ausübung des Herrscheramtes Bezug genommen wird, was in allen jenen Fällen vorliegt, wo wir reinen „Verwaltungsakten“ und Fragen der Rechtsordnung begegnen. Besonders in letzterem Zusammenhang finden wir immer den Ausdruck *njśwt* in bezug auf den König als Träger der Herrschaft genannt, da es in seiner Herrscherstellung liegt, die Einhaltung der Rechtsordnung zu wahren. In dieser Funktion ist er Repräsentant des Weltenherrschers und Weltenrichters, also Gottes, wobei die Rechtsordnung gleichfalls als eine Emanation des Göttlichen betrachtet wird, die als Maxime das Leben des Menschen regelt. Nur in seiner Stellung als Repräsentant des Göttlichen auf Erden ist der König in der Lage, Recht zu sprechen bzw. Recht zu dekretieren, da er in dieser Funktion als Mensch hinter seinem Amte zurücktritt und seine Position als gottgesetzter Herrscher ihn befähigt, diese auszuüben. Es ist also in derartigen Belangen, wie sie die Ausübung der Herrschaftsmacht in sich einschließt, nicht der König als Persönlichkeit, der uns gegenübertritt, sondern der Herrscher auf dem Thron Ägyptens in der Ausübung seines Amtes.

Durch das gesamte Alte Reich können wir diese Trennungslinie zwischen den beiden Grundaspekten des Königtums verfolgen, die in ihrer Verbindung das Konzept des Königtums darstellen. In ihrer Vereinigung besteht die Grundlage des Königtums, wobei letzteres als ein Schnittpunkt zu bewerten ist. Wie sich im König seine menschlich-irdische Person mit seinem gottgesetzten Amte vereinen, so stellt auch sein Amt eine derartige Vereinigung von zwei Welten dar, indem der König Repräsentant des Göttlichen im Irdischen ist, gleichzeitig aber auch das Menschliche dem Göttlichen gegenüber vertritt. Seiner Natur nach grundsätzlich Mensch, hebt ihn erst der Tod aus der Verbindung mit der Erde heraus, um ihn dann in dem von ihm während seines Lebens repräsentierten göttlichen Amte aufgehen zu lassen. Daher ist auch der tiefgreifende Bruch zwischen dem lebenden und dem toten König zu verstehen, indem der letztere eine gottgleiche Stellung einnimmt, die er während seines Lebens keineswegs innehält und die erst durch sein Aufgeben jeglicher Bindung mit dem Irdischen und dem Eingehen in das Konzept des Königtums möglich ist.

Im frühen Alten Reich tritt die Person des Königs, soweit es seine Herrscherstellung betrifft, hinter seinem Amte zurück. Dies ändert sich in zunehmendem Maße mit der Entwicklung, die sich während des Alten Reiches erkennen läßt, indem der Versuch unternommen wird, die beiden Pole des ägyptischen Königtums einander näher zu bringen. Diese Tendenz ist nicht nur auf den lebenden König beschränkt, sondern macht sich in besonders starkem Maße in Verbindung mit dem verstorbenen Monarchen bemerkbar. Gerade für diesen ist frühzeitig der Versuch zu erkennen, seine individuellen Züge über die Lebenszeit hinaus zu erhalten und dem kollektiven Konzept, wie es dem frühen Königtum eignet, entgegenzuwirken.

Mit dem Ende der V. Dynastie macht sich eine Verschiebung bemerkbar, die ihren Höhepunkt am Ausgang der VI. Dynastie in der Regierung von Pepi II. findet. Sie spiegelt sich im Aufkommen neuer Bezeichnungen für den König wie den Konstruktionen mit *ḥm n*, sowie der Änderung des Terminus *nb* durch die Beifügung des Determinativs 𓅆. In diese Zeit fällt auch das Auftreten von *nṯrj* als Ausdruck für den König. Allen diesen Termini ist gemeinsam, daß sie den Versuch darstellen, die beiden Pole des ägyptischen Königtums miteinander zu verbinden und eine Brücke zwischen dem göttlichen Amte und der menschlichen Natur des Trägers zu schlagen. Durch sie wird die Entwicklung eingeleitet, die im Neuen Reich ihre Vollendung in der Vergottung des lebenden Herrschers findet. Für das ausgehende Alte Reich kann keineswegs eine derartige Stellung des Königs angenommen werden, wenngleich seine Position eine wesentliche Vergeistigung erfährt, indem der menschliche Aspekt des Herrschers in zunehmendem Maße in den Hintergrund gedrängt wird. Die Gründe, die zu der Identifizierung des Herrschers mit dem von ihm ausgeübten Amte führten, liegen für uns im Dunkel. Auffallend jedoch ist es, daß die Verschiebung im Konzept des Königtums des Alten Reiches zeitlich mit dem Aufkommen des Osiris in den Grabinschriften zusammenfällt. Diese Parallelität scheint nicht zufällig zu sein, und es ist wohl berechtigt, eine Verbindung zwischen den beiden Erscheinungen zu vermuten. Das Problem des Osiris und seiner Verbindung mit dem Königtum gehört aber nicht mehr in den Rahmen dieser Untersuchung.

In dieser Tendenz zur Heraushebung des Königs aus seiner irdisch gebundenen Rolle als Träger eines Amtes, die im feudal orientierten Staatsaufbau insbesondere der V. Dynastie begründet liegt, werden für uns die geistigen und politischen Kräfte faßbar, die das ausgehende Alte Reich beherrschen und zu den Erschütterungen der sog. Ersten Zwischenzeit führen. Historisch gesehen, handelt es sich dabei um einen Versuch der Krone, die irdische Stellung zu stärken und sie durch eine Transponierung ins Geistige über die großen Feudalherren zu heben. Die Gründe, die dazu führten, bleiben uns weitgehend verschlossen, und wir sind auf den Niederschlag beschränkt, den diese Umwälzung gefunden hat. Auf der einen Seite finden wir das Aufblühen des Osiriskultes, auf der anderen sehen wir die Schaffung neuer Bezeichnungen für den König, um der neuen Situation gerecht zu werden. Letztere haben gemeinsam, daß sie durchweg eine Annäherung der irdischen Seite des Königtums an seine gottgesetzte Natur versuchen. Die daraus resultierende Erhöhung des lebenden Regenten gegenüber den Großen des Landes wurde nicht ohne Widerspruch aufgenommen und bildet letzten Endes das Thema der Ersten Zwischenzeit. Nicht die Feudalherren versuchen in ihrem Bereich „Könige“ zu werden, sondern die Krone versucht die urtümliche feudale Ordnung zu sprengen mit dem ersten Versuch der Vergöttlichung des lebenden Königs. Es mutet wie eine Ironie an, daß die Herrscher, die das Erbe des Sieges der Feudalherren über das zum Absolutismus tendierende Königtum antreten, selbst dem Feudalismus den Todesstoß geben, wobei gleichzeitig damit die Vergottung des lebenden Herrschers ihre erste direkte Verwirklichung erfährt.

Wir haben unsere Untersuchung mit der Feststellung eingeleitet, daß der König Mittelpunkt des ägyptischen Staates ist. Wir können nun diese Definition wesentlich genauer fassen auf Grund der Ergebnisse, wie sie das Studium der verschiedenen Bezeichnungen, die für den König während des Alten Reiches Anwendung finden, ergab. Das Konzept des ägyptischen Königtums, wobei immer nur von lebenden, die Regentschaft führenden Monarchen die Rede ist, ist aufgebaut auf einer Verbindung von zwei Sphären, die sich im König vereinigen. Er ist prinzipiell als Mensch angesehen, der jedoch Träger eines gottgesetzten Amtes ist. Als solcher nimmt er eine Mittlerstellung ein zwischen der Welt des Göttlichen, deren Repräsentant der König als Träger des Herrscheramtes über Ägypten ist und das als eine Emanation des göttlichen Willens und der göttlichen Ordnung betrachtet werden muß. Gleichzeitig aber ist der König auch kraft seiner primär menschlichen Natur Exponent des Irdischen, das in seiner Person den Anschluß an die göttliche Ordnung findet. Zwei Welten stehen sich hier gegenüber, die in der Idee des Königtums ihre Vereinigung finden. Diese Dualität ist aber auch in ihrem Träger zu finden, indem sich auch da das Göttliche, nämlich das Herrscheramt, mit der ins Menschliche gebundenen Person des Königs vereinen, ohne aber die Fesseln, die es ins Irdische binden, sprengen zu können.

Wenn wir hiermit die Ergebnisse unserer Untersuchung abschließend zusammenfassen, so ergibt sich folgendes Bild: Im Mittelpunkt des ägyptischen Staates, in seiner erdgebundenen Realität, steht der König. Er ist demselben übergeordnet kraft seines Amtes als Herrscher, durch das er Repräsentant der gottgesetzten Weltordnung ist. In dieser Funktion, nämlich als *njśwt*, leitet er die Geschicke des Landes und ist zentrale Rechtsperson, die das an sich göttliche Recht (*mꜣꜥt*), die Weltordnung, zur Ausführung bringt. In seiner Funktion als Repräsentant dieser Weltordnung ist es auch gelegen, daß er dekretiv rechtsschöpferisch sein kann. Dies liegt nicht in seiner Person begründet, sondern ausschließlich in seinem Amte, das ihn mit der göttlichen Sphäre verbindet. Der König selbst als Träger dieses Amtes ist Mensch, so lange er auf Erden weilt und erst mit seinem Tode tritt er aus dieser Sphäre heraus und geht in seinem Amte, also in der Idee des Königtums, auf. In dieser

Verbindung von zwei heterogenen Sphären liegt auch die Spannung begründet, mit der die Funktionen des Königs geladen sind, nämlich auf der einen Seite die Verbindung ins Irdische, dem auf der anderen Seite die Beziehung und Ausübung des Göttlichen gegenübersteht. Somit steht nicht eigentlich der König als Person im Mittelpunkt des ägyptischen Staates, sondern ein geistiges Konzept, nämlich das Königtum, das an sich wiederum eine Emanation des Weltregententums Gottes ist. Der ägyptische Staatsgedanke des Alten Reiches steht somit auf einer primär göttlichen Basis, dessen Materialisation im Irdischen es darstellt. Der König ist dabei als Herrscher Repräsentant des Weltenherrn, also Gottes in seiner ursprünglich primär monotheistischen Form, wobei er gleichzeitig ins Irdische gebunden bleibt, indem er selbst nicht Gott ist. Diese enge Verbindung zwischen Herrscher und Weltengott läßt sich für den König für uns am deutlichsten in der Form des „Gottesgnadentums“ veranschaulichen. Auch im Ägyptischen ist es die Verbindung von menschlicher Person auf der einen Seite und göttlicher Institution, wie es das Herrscheramt darstellt, auf der anderen, das das Konzept des Königtums ausmacht. Die Verbindung zwischen den beiden Sphären ist die *mꜣꜥt*, die göttliche Ordnung, die von Gott kreiert ist und auf Grund derer der König sein Herrscheramt führt. Diese ist in der göttlichen Sphäre als Weltordnung anzusprechen, während ihr irdischer Ausfluß die Rechtsordnung ist, durch die der König sein Herrscheramt ausführt, welches primär in der Einhaltung derselben besteht.

Besprochene Textstellen

Sethe, Urkunden I

8,1 S. 80
8,7 S. 80
11,13 S. 63
13 S. 24
14,7 S. 18
18,10 S. 7, 77
19,7 S. 63
21,10 S. 27
22,1 S. 43
22,10 S. 43
22,12 S. 43
25,4-6 S. 69
26,11-12 S. 69
26,13 S. 69[135], 70
38,7 S. 52
38,7-8 S. 37
38,11 S. 52
39,2-3 S. 53
39,5 S. 53
39,6 S. 53, 86
39,10-11 S. 20, 80
39,11 S. 80
39,13-14 S. 54
39,15 S. 42
40,1 S. 80
41,6 S. 54
41,8 S. 29[60]
41,13-15 S. 54
41,16 S. 29[60]
42,6 S. 54
42,8 S. 54
42,11 S. 55
42,13 S. 55
42,14-15 S. 55
43,2 S. 64
43,11 S. 60[122]
44,6 S. 64
51,12 S. 81
51,13 S. 28
51,14 S. 19
51,15 S. 81
51,16 S. 28
51,17 S. 19
52,2 S. 59
52,5 S. 19
53,2-3 S. 54[107], 60
53,11-12 S. 42[81]
57,14 S. 17
57,15-16 S. 25
57,16 S. 76
59,12 S. 82
59,13 S. 84
59,13-14 S. 66
59,15-16 S. 66
59,17 S. 84
60,3-6 S. 60
60,4-6 S. 31
60,7 S. 84
60,9 S. 64
60,14 S. 27[55]
60,16 S. 55
60,17 S. 32
61,3 S. 84
61,6 S. 85
61,11 S. 84
61,17 S. 32
61,18 S. 27, 32
62,1 S. 56
62,3 S. 56
62,6 S. 38, 85
62,12 S. 45
62,14 S. 27[55]
62,16-17 S. 56
63,2-3 S. 56
63,4 S. 47, 85
63,5 S. 42, 45, 85
63,8 S. 61[125]
63,10 S. 45[90]
63,11 S. 45[90]
64,14 S. 45[90]
65,2 S. 61
65,7 S. 46
66,10-11 S. 61[124]
68,8 S. 86
68,12 S. 7
80,14 S. 82[158]
81,5 S. 82
81,6 S. 19
82,3 S. 82
82,4 S. 19
82,14-15 S. 49
83,2-3 S. 42
83,7 S. 82
83,8 S. 19
83,17 S. 50
84.1 S. 20
84,4 S. 66
84,6 S. 66
84,14 S. 82
84,15 S. 62[128]
85,9 S. 62[128]
86,5 S. 66
86,7 S. 49
86,9 S. 61
86,12 S. 82
87,4 S. 61
88,9 S. 19
88,15 S. 19
98,12 S. 71
98,15 S. 72
98.16 S. 8, 62
99,3 S. 8, 62
99,6 S. 29[62], 34[70]
99,7 S. 66
99,10 S. 76
99,12 S. 61
100,2 S. 66
100,3 S. 66
100,4 S. 66
100,7 S. 8, 62

100,9-10 S. 29
100,13 S. 29[61]
100,17 S. 66
101,1 S. 66
101,6 S. 66
101,9 S. 65
101,10 S. 65
105,12 S. 8, 62
105,14 S. 66
105,16 S. 66
107,12-13 S. 65
108,10 S. 78
109,10 S. 8
109,11 S. 39, 79
110—11 S. 30
110—11 S. 51
112—13 S. 32
118,14-16 S. 74
119,6 S. 22
119,11 S. 28
123,1 S. 24
124,4 S. 47
124,9 S. 73
126,3-4 S. 50
126,4 S. 80[156]
126,9 S. 74
128,4 S. 27[55]
128,5-6 S. 32
128,5-7 S. 56
128,11-13 S. 39
129,1 S. 81
129,2-3 S. 58
129,5 S. 47
129,7 S. 48
129,8 S. 58
129,14 S. 48
130,3-5 S. 9
131,2 S. 81
132,17 S. 25[44]
132,18 S. 24
133,9 S. 79
133,11 S. 48
134,1 S. 48
134,3 S. 79
134,5 S. 48
134,12 S. 48
134,13 S. 79
139,8 S. 77[153]
141,11 S. 30
141,17 S. 30
142,8 S. 72
142,9-10 S. 78
142,11 S. 9, 78
143,6 S. 20[32]
144,12 S. 77[149]
145,2 S. 77[149]
146,6-7 S. 77
146,10 S. 61
147,10-11 S. 21
147,13-15 S. 62
158,2 S. 22
163,4 S. 20
163,11 S. 20
164,1 S. 20
166 S. 75[145]
169,5 S. 81
170,16 S. 42[82]
171,4 S. 69[135]
171,13 S. 69[135]
177—78 S. 62
179,5-6 S. 13
179,12 S. 27[55]
179,13 S. 57
179,13-15 S. 84
179,16 S. 57
179,17 S. 47, 85
180,2-7 S. 44
180,7 S. 45
180,8 S. 85
180,8-10 S. 57
180,17 S. 46
181,11-12 S. 57
182,7 S. 66
182,13 S. 46[91]
183,9 S. 58
183,11-12 S. 58
183,14 S. 59
184,3 S. 62
185,2 S. 59
186,3 S. 27
186,13 S. 22
188,1 S. 49
190,11 S. 28
193,1 S. 82
194,9 S. 81
194,12 S. 71
195,5 S. 66
201,5 S. 24
204,9 S. 23
205,2 S. 21
205,12 S. 21
208,16 S. 11
209,1 S. 11
209,3 S. 11
210,1 S. 12
213,12 S. 12
217,11 S. 24
220,9 S. 62
221,10 S. 62
223,18 S. 22
224,9 S. 20
232,5 S. 10
232,6 S. 59
232,8 S. 59
232,9-11 S. 59
232,13 S. 64
232,13-16 S. 64
232,14-15 S. 31
233,5 S. 20[31]
233,13-14 S. 23
233,14 S. 25
234,1 S. 29, 50[99]
240,6 S. 14[21]
243,6 S. 14[21]
246,13 S. 14[21]
249,1 S. 14[21]
249,18 S. 81
250,2 S. 81
250,14 S. 72
250,18 S. 72
251,4 S. 72
253,18 S. 81
254,1 S. 83
254,2 S. 81
254,3 S. 73
255,5 S. 46
255,10 S. 21
260,8 S. 28
265,8 S. 28
280,17 S. 13
280—83 S. 66
281,10 S. 16[24,27]
282,9 S. 14
282,15 S. 27
283,4 S. 14
283,9 S. 15, 86
283,16-17 S. 15, 67
284,17 S. 27
285,17 S. 16[24]
287,8 S. 15
287,12-13 S. 16
302,13 S. 83[161]
302,15,17,18 S. 83[161]
303 S. 83[161]
303,6 S. 83[161]
305,18—306,1 S. 34
306,4-5 S. 34